St. Galler Studien zum Privat-, Handels- und Wirtschaftsrecht

Band 35

Herausgegeben von
Prof. Dr. Carl Baudenbacher, Prof. Dr. Jean Nicolas Druey,
Prof. Dr. Johannes Köndgen, Prof. Dr. Alfred Koller,
Prof. Dr. Christian J. Meier-Schatz und Prof. Dr. Ivo Schwander

Prof. Dr. Christian J. Meier-Schatz
(Herausgeber)

Kooperations- und Joint-Venture-Verträge

Verlag Paul Haupt Bern · Stuttgart · Wien

Die Deutsche Bibliothek – CIP-Einheitsaufnahme

Kooperations- und Joint-Venture-Verträge :
rechtliche Probleme und Vertragsgestaltung /
Christian J. Meier-Schatz (Hrsg.). –
Bern ; Stuttgart ; Wien : Haupt, 1994
(St. Galler Studien zum Privat-, Handels- und Wirtschaftsrecht ; Bd. 35)
ISBN 3-258-04947-5
NE: Meier-Schatz, Christian J. [Hrsg.]; GT

Alle Rechte vorbehalten
Copyright © 1994 by Paul Haupt Berne
Jede Art der Vervielfältigung ohne Genehmigung des Verlages ist unzulässig
Dieses Papier ist umweltverträglich, weil chlorfrei hergestellt
Printed in Switzerland

Vorwort

Im Lichte der Globalisierung der Märkte sowie der Internationalisierung der Zusammenarbeit zwischen Unternehmen gehört die vertragliche Gestaltung von Kooperations- und Joint Venture-Verträgen heute fraglos zu den wichtigsten Aufgaben für Anwälte, Unternehmensjuristen und andere beratende Spezialisten.

Ziel der vorliegenden Publikation ist es, praxisnah die wichtigsten rechtlichen Aspekte und Sschranken aufzuzeigen, denen man bei der Redaktion solcher Vertragswerke gegenübersteht.

Zunächst werden in zwei Abhandlungen ausführlich vertragsrechtliche Probleme (etwa im Zusammenhang mit der Errichtung, der Finanzierung, der Willensbildung, der Auflösung usw.) behandelt. Einen besonderen Schwerpunkt bildet die Einbringung von Vermögenswerten. In der Folge ergehen ebenfalls praktisch unmittelbar umsetzbare Hinweise über die konkrete Vertragsgestaltung (einschliesslich Wahl der Rechtsform). Da Kooperations- und Joint Venture-Verhältnisse immer mehr über Grenzen hinweg eingegangen werden, können derartige Verträge nicht mehr allein unter schweizerischem Recht betrachtet werden. Ein weiterer Beitrag widmet sich den internationalen Rechtsproblemen, indem er – neben international-privatrechtlichen Fragen – auch Aspekte der Schiedsgerichtsbarkeit sowie der Rechtsdurchsetzung aufgreift. Längst hat sich gezeigt, dass das EG-Wettbewerbsrecht zu einem praktisch äusserst wichtigen Normenkomplex hinsichtlich Kooperationen und Gemeinschaftsunternehmen auch (und gerade) für Schweizer Firmen geworden ist. Eine längere Abhandlung widmet sich daher den einschlägigen kartellrechtlichen Normen. Schliesslich stellen sich auch im vorliegenden Problemzusammenhang selbstredend steuerrechtliche Fragen, welche in einem den Band abschliessenden Beitrag erörtert werden.

Zürich/St. Gallen, 1. März 1994

Prof. Dr. Christian J. MEIER-SCHATZ

Inhaltsübersicht

Lucius Huber

*Vertragsgestaltung: Grundstruktur, Gründung,
Willensbildung und Auflösung*   9

Rolf Watter

Die Problematik der Einbringung im Joint Venture   61

Anton K. Schnyder

*Internationale Joint Ventures - verfahrens-,
anwendungs- und schiedsgerichtsrechtliche Fragen*   81

Christian J. Meier-Schatz

EG-kartellrechtliche Behandlung von Joint Ventures   105

Peter Spori/Benno Bucher

*Übersicht über Steuerfragen im Zusammenhang
mit Joint Ventures*   163

Autorenverzeichnis   183

Stichwortverzeichnis   185

Vertragsgestaltung:
Grundstruktur, Gründung, Willensbildung und Auflösung

Lucius Huber

Inhaltsverzeichnis

I.	Vorbemerkungen	11
II.	Grundstruktur und Gründung des Equity Joint Venture	13
	1. Begriffselemente	13
	2. Der Joint Venture-Vertrag	14
	a) Allgemeines	14
	b) Pflicht zur Gründung einer gemeinsamen (Aktien-)Gesellschaft	14
	c) Stimmrechtsbindungen	15
	d) Durchführungsverträge ("accords satellites")	15
	3. Gründung und Organisation der Joint Venture-Gesellschaft	17
	a) Allgemeines und Beteiligung	17
	b) Form der Joint Venture-Gesellschaft	18
	c) Inhalt der Statuten	20
	d) Ort der Gründung und Nationalität der Venture-Gesellschaft	20
III.	Willensbildung im Rahmen der Projektverwirklichung	21
	1. Allgemeines	21
	2. Elemente der Willensbildung im Joint Venture-Vertrag	22

		a) Stimmbindung im allgemeinen	22
		b) Management und Beschlussfassung	23
		c) Konfliktlösungsmechanismen/Deadlock Devices	30
		d) Umfassende Informationspflichten	30
		e) Kooperations- und Loyalitätspflicht im allgemeinen	33
		f) Neuverhandlungs-, Anpassungs- und Nachleistungspflichten	38
	3.	Elemente der Willensbildung in den Statuten der Joint Venture-Gesellschaft	43
IV.	**Beendigung/Auflösungsphase**		45
	1.	Abreden über die Dauer der Joint Venture-Verbindung	45
	2.	Vertragliche Beendigungsmechanismen	48
		a) Beendigung mit und ohne Liquidation der Joint Venture-Gesellschaft	48
		b) Insbesondere: Buy/Sell-Arrangements	48
		c) Absicherung bestimmter Interessen während der Betriebsphase durch Buy/Sell-Arrangements	53
	3.	Ausservertragliche Beendigung	53
V.	**Exkurs: Materiellrechtliche Qualifikation des Grundverhältnisses**		55
Literatur			58

I. Vorbemerkungen

1. Die unterschiedlichen Formen grenzüberschreitender Unternehmenskooperation lassen sich allgemein in solche *mit* und *ohne* Kapitalverflechtung unterteilen; die Unternehmenskooperation kann zudem befristet (z.B. Bauprojekt) oder unbefristet sein. Als Beispiele von Kooperationsformen *ohne* Kapitalverflechtung können etwa genannt werden: *Contractual Joint Venture*, Konsortialvereinbarungen, Lizenz-/Know-how-/Technologie-Verträge, Management-Verträge, Franchise-Verträge, langfristige Liefer- und Abnahmeverträge oder Auftragsproduktionen. Demgegenüber ist das *Equity Joint Venture* (auch Corporate Joint Venture oder Gemeinschaftsunternehmen genannt), welches bei den nachfolgenden Ausführungen im Vordergrund stehen soll, *die* Erscheinungsform einer Unternehmenskooperation *mit* Kapitalverflechtung schlechthin. Als *zweistufiges Gebilde* ist das Equity Joint Venture gleichzeitig eine der markantesten Erscheinungsformen sogenannter komplexer Langzeitverträge bzw. Dauerschuldverhältnisse, bei welchem die Zusammenarbeit durch die Errichtung einer Kapitalgesellschaft (meist Aktiengesellschaft) institutionalisiert und perpetuiert wird. Im Gegensatz zu den gesetzlich geregelten Dauerschuldverhältnissen (z.B. Mietverträge, Arbeitsverträge) geht es bei solch komplexen Langzeitverträgen weniger um die kontinuierliche Wiederholung eines bestimmten Leistungsaustausches in einem bestimmten Zeitrahmen, sondern weit mehr "um die gemeinsame Durchführung eines Projekts, an dem regelmässig eine Mehrzahl von Projektbeteiligten mitwirken, und welches längere Zeit beansprucht"[1]. Entsprechend komplex sind nicht nur die Fragen in den Bereichen Grundstruktur und Gründung, sondern auch die Mechanismen und Gestaltungsformen der Willensbildung und gegebenenfalls der Beendigung solcher Kooperationsverträge wie Equity Joint Venture.

2. Komplexe Langzeitverträge sind in rechtlicher Hinsicht allgemein durch zwei Merkmale, nämlich das *kooperative Element* sowie ein ganzes *Netz zusammenhängender, sich gegenseitig bedingender Durchführungsver-*

---

[1] NICKLISCH, *Vorteile einer Dogmatik für komplexe Langzeitverträge*, 18.

träge gekennzeichnet. Beim Equity Joint Venture sind beide Elemente besonders stark ausgeprägt und für diese Kooperationsform insofern typisierend. Dabei steht häufig der Technologie- und Know-how-Transfer im Mittelpunkt.

3. Durch die Kapitalverflechtung in Form einer gemeinsamen Tochtergesellschaft entsteht beim Equity Joint Venture eine enge Bindung der Joint Venture-Partner. Im Bereich der Vertragsgestaltung, und hierbei insbesondere im Bereich der Willensbildung, besteht die Schwierigkeit, dass, wegen der in der Natur eines Joint Venture-Verhältnisses liegenden "Ungewissheit" der Projektentwicklung und des Projekterfolgs, die Leistungspflichten der Partner oft nur grob umrissen werden können. Die Partner sind angesichts der Komplexität und Enge der Bindung sowie dieser systemimmanenten Ungewissheit des Projekterfolgs verstärkt zu einem loyalen Verhalten verpflichtet. Die Kunst der Vertragsgestaltung besteht bei Joint Venture einerseits darin, ausgewogene Modalitäten der Beschlussfassung festzulegen, welche die individuelle Interessenlage des einzelnen Partners (v.a. Minderheitspartners) nicht ausser acht lässt. Andererseits sind für Unvorhersehbares wirksame (d.h. vertrags- und vertrauenserhaltende) Instrumente der Anpassung und Konfliktlösung zu vereinbaren.

Im übrigen wird von einem Joint Venture-Partner, im Gegensatz zur normalen Stimmrechtsausübung eines Gesellschafters oder Aktionärs, eine echte Mitwirkung an der Leitung und Steuerung des Gemeinschaftsunternehmens erwartet. Auch in diesem Bereich bestehen im Rahmen der Vertragsgestaltung Möglichkeiten, diese Mitwirkungspflicht durch eine klare Zuweisung der Aufgaben des einzelnen Partners erfolgsfördernd auszugestalten.

4. Den nachfolgenden Ausführungen stehen die allgemeinen, allen (Equity)Joint Venture-Verbindungen gemeinsamen Aspekte der Vertragsgestaltung im Vordergrund. Nicht vertieft berücksichtigt werden besondere Aspekte und Probleme etwa im Bereich von sogenannten East-West-Joint Venture oder Joint Venture-Verbindungen in Entwicklungsländern oder auch bei sogenannten Oil-Gas-Joint Venture.

II. Grundstruktur und Gründung des Equity Joint Venture

1. Begriffselemente

Entsprechend der Zweistufigkeit des Gebildes lassen sich beim Equity Joint Venture vertragliche und gesellschaftsrechtliche bzw. korporative Elemente unterscheiden. Die Zweistufigkeit führt dabei zu folgenden Begriffselementen[2]:

a. Grundlage der Zusammenarbeit ist der sogenannte *Joint Venture-Vertrag* (auch Basisvertrag, Grundlagenvertrag oder Zusammenarbeitsvertrag genannt). In ihm werden Zweck und Modalitäten der Kooperation detailliert festgehalten; unter den Partnern entsteht ein – meist internes – Verhältnis personengesellschaftsrechtlicher Prägung, die Basisgesellschaft[3].

b. Wesentlicher Zweck des Joint Venture-Vertrages ist die *Gründung und Leitung* einer gemeinsamen Tochtergesellschaft, der *Joint Venture-Gesellschaft* (Trägergesellschaft). Die Organisation der Zusammenarbeit wird dadurch verselbständigt. Es entsteht ein Gebilde, welches auch als Doppelgesellschaft, nämlich Grundgesellschaft und Organgesellschaft, bezeichnet werden kann.

Die Partner sind an Kapital, Gewinn und Verlust, Finanzierung, Leitung und Kontrolle der Joint Venture-Gesellschaft beteiligt. Leitung und Bestimmung der Geschäftspolitik derselben erfolgen in aller Regel gemeinsam.

c. Typisch und insofern begriffsumschreibend für ein Equity Joint Venture ist auch, dass die Partner die Joint Venture-Gesellschaft über ihre Kapitalbeteiligung hinaus in managementmässiger, technischer und personel-

---

[2] Vgl. dazu SCHLUEP, *Privatrechtliche Probleme der Unternehmenskonzentration und -kooperation*, 481 ff.; REYMOND, *Le contrat de "joint-venture"*, 385.

[3] Zur materiell-rechtlichen Qualifikation des Grundverhältnisses vgl. unten V.

ler Hinsicht und insbesondere auch mit ihrem Know-how bzw. durch die Gewährung von Lizenzen unterstützen. Dies hat zur Folge, dass regelmässig eine Reihe von sogenannten *Durchführungsverträgen* (accords satellites) abgeschlossen werden.

2. Der Joint Venture-Vertrag

a) Allgemeines

Dem Joint Venture-Vertrag kommt eine generelle, das ganze Kooperationsgebilde umfassende Steuerungsfunktion zu. Er enthält drei grundlegende Elemente, nämlich (1) die Pflicht, gemeinsam eine (Aktien-)Gesellschaft zu gründen, (2) Stimmrechts- bzw. Aktionärbindungselemente und (3) die Bezeichnung und Koordination der für die Verwirklichung des gemeinsamen Projekts in aller Regel notwendigen Durchführungsverträge (accords satellites), welche das einzelne Joint Venture-Verhältnis flankieren und individualisieren.

b) Pflicht zur Gründung einer gemeinsamen (Aktien-)Gesellschaft

Die Gründung der eigentlichen Projektgesellschaft setzt voraus, dass der Joint Venture-Vertrag Gegenstand, Ziel und Zweck der Zusammenarbeit, die Kapitalstruktur sowie in aller Regel den zukünftigen Statuteninhalt der Joint Venture-Gesellschaft bzw. deren Sitz umschreibt. Hinsichtlich der Ausrichtung des Statuteninhaltes auf die kooperative Zielsetzung bestehen diverse Möglichkeiten, auf die unten (vgl. III/3) noch näher einzugehen ist. Oberster Zweck des Joint Venture-Vertrages ist es letztlich: "D' assurer la direction commune de l'entreprise et d' éviter qu'un des partenaires ne profite d'une position majoritaire à l'assemblée générale ou au conseil d'administration pour la mener à sa guise."[4]

---

[4] REYMOND (FN 2), 386.

c) Stimmrechtsbindungen

Kernstück der kooperativen Abreden im Joint Venture-Vertrag bildet das Stimmbindungselement. In dieser Vorschaltung einer grundvertraglichen (Stimm-)Bindung liegt auch der wesentliche Unterschied zum üblichen Zusammenfinden irgendwelcher Dritter in einer Gesellschaft oder Kooperation. Beim Joint Venture-Vertrag ist letztlich der gesamte Ablauf "Ausdruck abgestimmter Geschäftspolitik"[5].

Auf die Frage der Möglichkeiten und Grenzen grundvertraglicher Stimmbindung wird unten im Rahmen der Willensbildung (vgl. III/2) vertieft eingegangen.

d) Durchführungsverträge ("accords satellites")

Die Verwirklichung des gemeinsamen Projekts bedarf in den meisten Fällen eine Reihe von Durchführungsverträgen ("accords satellites"), welche in aller Regel – zumindest in Entwurfform – dem Joint Venture-Vertrag als Anhang beigefügt werden. Die "accords satellites" betreffen generell Regelungsgegenstände und Beziehungen, welche nicht bereits qua Sacheinlage oder sonstwie ins Joint Venture Eingang fanden. Durchführungsverträge dienen in diesem Sinn zur Sicherstellung der finanziellen, technischen und kommerziellen Mittel[6].

Durchführungsverträge kommen entweder – was zwar selten ist, da ihr Verhältnis überwiegend durch den Joint Venture-Vertrag geregelt ist – zwischen den Partnerunternehmen selbst oder – was als Regelfall anzusehen ist – zwischen einem Partner und der Joint Venture-Gesellschaft zustande. Im ersten Fall sind sie regelmässig – auch wenn in einem separaten Vertragswerk geregelt – als integrierender Bestandteil des Basisvertrages anzusehen. Im zweiten Fall enthält der Grundvertrag die Pflicht des jeweiligen Partners,

---

[5] Vgl. SCHLUEP (FN 2), 498.

[6] Typisierend lassen sich dabei drei Gruppen von "accords satellites" ausmachen: 1. Verträge über den Tranfer von immateriellem und technologischem Gut, insbesondere auch Know how-Verträge; 2. Finanzierungsverträge; 3. Verträge betr. Personalwesen. Vgl. dazu insbesondere auch REYMOND (FN 2), 113 ff.

die ihn betreffenden Durchführungsverträge mit der Joint Venture-Gesellschaft abzuschliessen. Nicht ausgeschlossen ist auch, dass solche Durchführungsverträge entweder von einem der Partner oder von der Joint Venture-Gesellschaft aufgrund einer entsprechenden Verpflichtungs-Klausel im Grundvertrag mit Dritten abgeschlossen werden.

Typische Beispiele für solche "accords satellites" sind etwa[7]: Rahmenlieferverträge für Roh- und Vormaterialien, Lizenz-, Know-how-, Warenzeichen- und Technologietransfer-Verträge, Management-Verträge, Finanzierungsverträge (z.B. Gesellschafterdarlehen, Gesellschaftergarantien oder die Finanzierung durch syndizierte Kredite), Verträge über die personelle Besetzung der Joint Venture-Gesellschaft (Anstellungsverträge), vertragliche Abnahmepflichten allfälliger Produkte der Joint Venture-Gesellschaft, wettbewerbsrechtliche Abreden (soweit zulässig), Engineering- und Anlagenlieferverträge oder allenfalls auch Grundstücks- oder Bauverträge[8]. Im Rahmen von Liefer- und sonstigen Leistungsbeziehungen zwischen einem Partner und der Joint Venture-Gesellschaft ist es mit Blick auf die Vermeidung von Steuerproblemen wesentlich, dass die Gegenleistung der Joint Venture-Gesellschaft zu Marktpreisen erfolgt[9]. Massstab dürfte allgemein das Prinzip "at arm's length" (Drittvergleich) sein.

Wichtig ist im übrigen, die Geltungsdauer solcher Durchführungsverträge auf die Dauer des Joint Venture-Vertrages abzustimmen. Es ist freilich denkbar, dass es sich aufgrund der besonderen Natur des Durchführungsvertrages aufdrängt, diesem eine Geltungsdauer beizumessen, welche über diejenige des Joint Venture-Vertrages hinausgeht.

Eine häufige Art von Durchführungsverträgen bei Joint Venture in Entwicklungs- oder Schwellenländern oder in Ländern des ehemaligen Ostblocks

---

[7] Vgl. dazu auch LANGEFELD-WIRTH, *Joint-Ventures im internationalen Wirtschaftsverkehr*, 117 ff.; REYMOND (FN 2), 384 und 387; OERTLE, *Das Gemeinschaftsunternehmen (Joint-Venture) im schweizerischen Recht*, 61 und 139 ff.; ZIHLMANN, *Gemeinschaftsunternehmen (Joint-Business-Ventures) in Form von Doppelgesellschaften*, 322.

[8] Vgl. dazu LANGEFELD-WIRTH (FN 7), 117 ff.

[9] Vgl. dazu den Aufsatz SPORI/BUCHER in diesem Buch.

sind sogenannte *Investitionsverträge*[10]. Sie werden in aller Regel zwischen dem Gastland, welches meist durch eine Staatsgesellschaft am Joint Venture beteiligt ist, und dem ausländischen Partner abgeschlossen. Gegenstand eines solchen Investitionsvertrages können alle unternehmensrelevanten Regelungsbereiche sein[11]. Enthalten sind meist die erforderlichen Konzessionen, gewerberechtlichen Erlaubnisse, Auflagen, Enteignungsregelungen sowie arbeits-, steuer- und wettbewerbsrechtliche Bestimmungen, Regelungen bezüglich Technologietransfer, Umweltschutz, Verbraucherschutz, Devisentransfer und dergleichen[12]. Häufig ist der Abschluss solcher Verträge, welche unter Umständen bestehende Gesetze modifizieren oder ersetzen können, durch entsprechende gaststaatlichen Bestimmungen vorgeschrieben.

3. Gründung und Organisation der Joint Venture-Gesellschaft

a) Allgemeines und Beteiligung

Die Joint Venture-Gesellschaft ist Trägerin des gemeinsamen Unternehmens und Vermögens. In ihr werden die Ziele der Kooperation verwirklicht. Der Joint Venture-Vertrag wird dabei in aller Regel Klauseln enthalten, welche den Gründungsvorgang sowie die Organisation der Joint Venture-Gesellschaft strukturieren und – ausgerichtet auf die individuellen Bedürfnisse der

---

[10] Durch einen Investitionsvertrag wird der rechtliche Rahmen für die Durchführung eines Investitionsvorhabens ausgestaltet. Insbesondere werden zwischen dem Land, in dem die Investition getätigt wird, und dem ausländischen Investor die individuellen Investitionsbedingungen festgelegt. Investitionsverträge dienen vor allem dazu, den Investor gegen für ihn nachteilige nachträgliche Änderungen der gaststaatlichen Rechtsordnung zu sichern.

[11] Vgl. dazu insbesondere EBENROTH, *Das Verhältnis zwischen Joint-Venture-Vertrag, Gesellschaftssatzung und Investitionsvertrag*, 267 ff.

[12] Vgl. SCHANZE, *Investitionsverträge im internationalen Wirtschaftsrecht*, 36 ff, inbesondere 55.

Partner – detaillieren. Insofern wird der Joint Venture-Vertrag alle wesentlichen Fragen wie die Rechtsform der Projektgesellschaft, deren spezifischer Statuteninhalt, Beteiligungsverhältnisse, Finanzierung in der Gründungsphase sowie Fragen betreffend Sacheinlagen, Sitz, Firma und künftige Finanzierung regeln.

Die Verteilung der Kapitalanteile an der neu zu gründenden Projektgesellschaft ist eine der Kernfragen bei der Ausgestaltung des Joint Venture-Projekts. Zu entscheiden ist dabei insbesondere, ob einem der Partner (allenfalls einer Gruppe von Gesellschaftern) eine kontrollierende Mehrheit im Rahmen der Projektgesellschaft zukommen soll. Zwar legt der Gedanke der Kooperation nahe, dass die Kapitalanteile jedes Partners gleich gross sind; dies erfordert aber gleichzeitig, Regeln für die Überwindung von Patt-Situationen (vgl. dazu im einzelnen unten III/2/c) in den Joint Venture-Vertrag und – soweit möglich – auch in die Statuten der Joint Venture-Gesellschaft aufzunehmen[13].

Die Joint Venture-Gesellschaft muss in formeller und materieller Hinsicht den gesetzlichen Bestimmungen des Gastlandes (Inkorporationsland) entsprechen, legt doch das Inkorporationsrecht den zwingenden und dispositiven Inhalt der Statuten fest. Die Joint Venture-Gesellschaft ist in aller Regel vollständig abhängig von den Mutterunternehmen.

b) Form der Joint Venture-Gesellschaft

Welche der möglichen Gesellschaftsformen sich letztlich am geeignetsten erweist, hängt unmittelbar von Zweck und Zielsetzung der Kooperation ab. Die Wahl der Rechtsform der Joint Venture-Gesellschaft kann etwa davon abhängen, ob das Gemeinschaftsunternehmen lediglich dazu dienen soll, die individuellen Bedürfnisse jedes einzelnen Partners im Bereich vorgelagerter Wirtschaftsstufen zu erfüllen (etwa eine gemeinsame Forschungsanlage oder Produktionsstätte für Bestandteile oder Zwischenprodukte), oder ob die Joint Venture-Gesellschaft als eigenständiges Unternehmen gewinnstrebig nach

---

[13] Vgl. dazu auch LANGEFELD-WIRTH (FN 7), 62 ff., welcher darlegt, dass in der Praxis häufiger entweder die absolute Mehrheit oder eine deutliche Kapitalminderheit angestrebt wird.

aussen auftreten soll (Fabrikation und Verkauf unter eigener Firma). Dabei ist nicht zu übersehen, dass die Partner in aller Regel nicht nur eine Beschränkung ihrer Haftung, sondern auch eine Limitierung ihrer finanziellen Aufwendungen im Rahmen ihrer Beteiligung am Joint Venture-Projekt anstreben.

Als Rechtsform liegt dabei eine Kapitalgesellschaft, insbesondere eine Aktiengesellschaft oder eine GmbH, nahe, da damit die Möglichkeit gegeben ist, das Gemeinschaftsunternehmen und das mit ihm verbundene Risiko von den Partnerunternehmen weitgehend loszulösen und so die Partner (Aktionäre) haftungsrechtlich gegenüber der Aussentätigkeit der Projektgesellschaft abzusichern[14]. Zudem schafft die Errichtung einer Aktiengesellschaft oder GmbH nicht nur klare Beteiligungsverhältnisse, sondern erleichtert auch die Beteiligung von nicht dem Grundverhältnis angehörenden Dritten an der Joint Venture-Gesellschaft (z.B. die Beteiligung von kreditgebenden Banken, die für bestimmte Zeit Aktionäre sind). Selbstverständlich ist nicht auszuschliessen, dass das anwendbare Inkorporationsrecht die grundsätzlich gegebene Haftungsbegrenzung aufweicht (etwa im Rahmen von Produktehaftungstatbeständen)[15].

In Frage kommen gegebenenfalls auch grenzüberschreitende Formen der Ausgestaltung. LANGEFELD-WIRTH[16] weist dabei insbesondere auf Formen hin, welche der deutschen "GmbH & Co. KG" entsprechen, indem etwa eine schweizerische Aktiengesellschaft als Komplementärin einer deutschen Kommanditgesellschaft auftritt. Allgemein ist festzuhalten, dass bei der Wahl der Rechtsform für die Projektgesellschaft immer auch steuerrechtliche Aspekte und Möglichkeiten von mitentscheidender Bedeutung sind.

Die von der Europäischen Gemeinschaft vorgesehene Einführung einer sogenannten "Europäischen Kooperationsvereinigung" (EKV), welche der französischen Rechtsform des "groupement d'intérêt économique" nachgebildet ist, eignet sich nur sehr beschränkt als Gesellschaftsform für

---

[14] Vgl. dazu auch REYMOND (FN 2), 389; vgl. zudem LANGEFELD-WIRTH (FN 7), 60 f.
[15] Vgl. dazu LANGEFELD-WIRTH (FN 7), 61 f.
[16] Vgl. LANGEFELD-WIRTH (FN 7), 62.

Gemeinschaftsunternehmen. Die EKV soll wirkliches Instrument der Zusammenarbeit in Teilbereichen sein. Im Vordergrund steht deshalb die Förderung der wirtschaftlichen Tätigkeit der Partner. Gewinnerzielung ist ausgeschlossen. Die EKV kann lediglich Hilfsfunktionen erfüllen; sie darf zudem nur für eine bestimmte Zeitdauer gegründet werden und kann keine Leitungsfunktion gegenüber ihren Mitgliedern ausüben[17]. Es bestehen ausserdem keine Möglichkeiten, auf den Kapitalmarkt zu gelangen.

c) Inhalt der Statuten

Inhaltlich gehen die Statuten selten über den Individualisierungs- und Spezifizierungsgrad von Standard-Statuten hinaus. Im wesentlichen gilt es, in den Statuten den Zweck, das Aktienkapital, die Art der Aktien, die Vinkulierung, die Firma und den Sitz der Joint Venture-Gesellschaft näher zu umschreiben. Dazu finden sich in aller Regel auch Bestimmungen über Sacheinlagen[18]. Ansonsten werden die Joint Venture-Partner die spezifische Organisation der Joint Venture-Gesellschaft – aus Gründen der Geheimhaltung, aber auch wegen der einfacheren Abänderbarkeit – in Form eines Organisationsreglementes ausgestalten. Sowohl Standard-Statuten wie Organisationsreglement werden in aller Regel in Entwurfform Anhang des Basisvertrages und insofern dessen integrierender Bestandteil bilden.

d) Ort der Gründung und Nationalität der Joint Venture-Gesellschaft

Häufig stimmen Gründungsland bzw. Gastland der Joint Venture-Gesellschaft mit dem Sitzland eines Partnerunternehmens überein. Der Entscheid über den Ort der Gründung und damit den Sitz der Joint Venture-Gesellschaft dürfte dabei in unmittelbarer Abhängigkeit vom Kooperationszweck gefällt werden. Nicht selten sind es Markterschliessungsinteressen des ausländischen Investors (Partners), gepaart mit einem Streben des inländi-

---

[17] Vgl. dazu REYMOND (FN 2), 390.

[18] Auf die Problematik der Einbringung im Joint Venture wird in einem separaten Aufsatz in diesem Band von ROLF WATTER spezifisch eingegangen.

schen, häufig staatlichen Partners nach Technologie- und Investitionsgütererwerb. Das Gastland ist häufig ein Billiglohnland.

Zahlreich sind die rechtlichen Konsequenzen kollisions- und sachrechtlicher Art, welche sich aus der Wahl des Gründungsortes und der "Nationalität" der Joint Venture-Gesellschaft ergeben. Zu beachten wird häufig nicht nur das nationale Gesellschaftsrecht, sondern auch das Fremdenrecht sowie allfällige Bestimmungen über zwingende Beteiligungsverhältnisse und über Direktinvestitionen des Gastlandes sein. Dies führt meist zu einer erheblichen Einschränkung der kollisions- und materiellrechtlichen Parteiautonomie[19].

III. Willensbildung im Rahmen der Projektverwirklichung

1. Allgemeines

Die Instrumente der Willensbildung sind in überwiegendem Masse im Rahmen des *Joint Venture-Vertrages* zu stipulieren. Aber auch im Rahmen der Statuten oder eines Organisationsreglements der Joint Venture-(Aktien-)Gesellschaft gewährt das anwendbare Gesellschaftsrecht des Gastlandes (Inkorporationsland) in aller Regel Möglichkeiten, die Erfüllung der obligatorischen Abreden im Basisvertrag durch die stärkere statutarische bzw. reglementarische Verbindlichkeit zu "sichern" und zu perpetuieren. Entsprechend

---

[19] Technologie-Transfergesetze können etwa vorsehen, dass die devisenrechtliche Zulässigkeit von Auslandsanweisungen zwecks Bezahlung des eingeführten Technologiegutes von einer Genehmigung des gesamten Vertragsverhältnisses (insbesondere des Basisvertrages und der auf den Technologietranfer bezogenen Durchführungsverträge) durch die Behörden des Gastlandes abhängt. Die Genehmigung wird dabei häufig nur dann erteilt, wenn die Parteien in den Verträgen die Anwendung des gaststaatlichen Sachrechts und die Zuständigkeit gaststaatlicher Gerichte bzw. Schiedsgerichte mit Sitz im Gaststaat vereinbaren.

wird nachfolgend zwischen rein vertraglichen und statutarischen Aspekten der Willensbildung unterschieden.

2. Elemente der Willensbildung im Joint Venture-Vertrag

a) Stimmbindung im allgemeinen

Den im Vertrag enthaltenen Stimmrechtsbindungen (im weitesten Sinn) kommen zwei grundlegende Aufgaben zu:

Der Grundvertrag soll möglichst alle Fragen der Vertragsgestaltung erfassen und Verfahren zur Problemlösung aufstellen. Zu regeln sind insbesondere: *Besetzung, Beschlussfassungsmodalitäten und Überwachung des Managements* der Joint Venture-Gesellschaft (vgl. dazu unter III/2/b) sowie Fragen der *Finanzierung* (dieser Aspekt wird im Rahmen dieser Abhandlung nicht vertieft erörtert) des Projekts durch die Partner (unter Beachtung der Investitions-Rahmenbedingungen des Gastlandes). Wesentliche Gestaltungsbereiche sind zudem die Modalitäten des gegenseitigen Informationsaustausches, die Grundlagen des Engineerings und des betrieblichen Knowhows, Konkurrenzklauseln und Versicherungsfragen sowie allfällige Fragen der Beschaffung von Vormaterialien und der Gewinnverteilungsmodalitäten. All diese Fragen bergen ein erhebliches Konfliktpotential in sich. Regeln, insbesondere *Verfahren über die Konfliktregelung* (vgl. dazu unten III/2/c), sind ebenso essentiell wie grundvertragliche *Neuverhandlungspflichten* ("Renegotiations-Clauses") bzw. *Mechanismen der Anpassung* (vgl. dazu unten III/1/f) für den Fall veränderter Umstände und Rahmenbedingungen.

Ein weiteres im Rahmen des Grundvertrages zu regelndes Problem ist der *Schutz eines Minderheitspartners* (vgl. dazu unten III/2/b und c). Im Basisvertrag kann dabei eine von der Kapitalbeteiligung an der Joint Venture-Gesellschaft unabhängige Gleichberechtigung aller Partner, jedenfalls für wichtige Fragen, vorgesehen werden. Die Frage einer beteiligungsunabhängigen Gleichberechtigung stellt sich aber auch – unabhängig von ihrer grundvertraglichen Festlegung – im Zusammenhang mit der Frage nach dem Umfang einer der Natur solcher Joint Venture entspringenden *verstärkten Kooperations- und Loyalitätspflicht* (vgl. dazu unten III/2/e).

Da bei paritätischen Beteiligungsverhältnissen an der Joint Venture-Gesellschaft die Gefahr von *Patt-Situationen* (vgl. dazu unten III/2/c) besonders gross ist (dies gilt insbesondere beim 50:50 Joint Venture), ist es empfehlenswert, im Joint Venture-Vertrag vertragliche Mechanismen zur Vermeidung bzw. Überwindung solcher Patt-Situationen festzuhalten.

Regelungsbedürftig sind auch *umfassende Informationsrechte bzw. -pflichten* aller Partner (vgl. dazu unten III/2/d).

Entlang dieser Grundsätze ergeben sich im einzelnen folgende Aspekte:

b) **Management und Beschlussfassung**

1. Einer der wesentlichsten Regelungsbereiche des Joint Venture-Vertrages ist die Frage der Struktur und Ausgestaltung des Projektmanagements. Die Beteiligungsverhältnisse (Kapitalstruktur) werden dabei von massgeblichem, aber nicht ausschliesslichem Einfluss auf die Besetzung der Organe der Joint Venture-Gesellschaft und somit auf die Willensbildung sein. So wird auf der einen Seite ein Partner mit Mehrheitsbeteiligung meist ein erhebliches Interesse daran haben, etwa auch im Verwaltungsrat der Joint Venture-Gesellschaft oder in anderen Geschäftsführungsgremien mit einer Mehrheit vertreten zu sein. Auf der anderen Seite wird ein Minderheitspartner wenig Interesse an einem Joint Venture haben, bei dem er im Bereich der Willensbildung keinerlei Einflussmöglichkeiten hat bzw. Vetorechte nicht wirksam ausüben kann; für ihn stellt sich somit im Rahmen der Vertragsverhandlungen die Frage, wie er seine Mitentscheidungsrechte trotz Kapitalminderheit dennoch, wenigstens in vitalen Bereichen, sichern kann.

2. In aller Regel ist es von grosser Bedeutung für den Projekterfolg und das gute Funktionieren der partnerschaftlichen Willensbildung, bestimmte Schlüsselpositionen wie etwa Verwaltungsrat, Geschäftsführer, Verkaufsleiter, Produktionschef oder Finanzchef der Joint Venture-Gesellschaft, verbunden mit Vorschlagsrechten der Partner, genau zu bezeichnen und deren Kompetenzen festzulegen. Gegebenenfalls sind dabei auch gesetzliche oder ähnliche Bestimmungen am Ort der Joint Venture-Gesellschaft in bezug auf die Zusammensetzung des Verwaltungsrates oder des ober-

sten Managements zu beachten; in sozialistischen oder Entwicklungsländern verlangen die örtlichen Joint Venture-Bestimmungen häufig, dass etwa der Geschäftsführer ein Angehöriger dieses Landes ist und vom örtlichen Partner ernannt wird.

3. Präzis und unmissverständlich geregelt werden sollten im Joint Venture-Vertrag Zeitpunkt, Ort und Beschlussfassungsmechanismen im Rahmen der regelmässig abzuhaltenden Partnertreffen bzw. Aktionärs-/Generalversammlungen, Verwaltungsratssitzungen, Geschäftsleitungssitzungen und dergleichen. Da das am Ort der Joint Venture-Gesellschaft geltende Gesellschafts- bzw. Aktienrecht in aller Regel nicht oder nur ungenügend auf die besonderen Verhältnisse einer Joint Venture-Beziehung ausgerichtet sein dürfte, gilt es im Rahmen des personalistischen bzw. rechtsgemeinschaftlichen Joint Venture-Vertrages, die Modalitäten der Zusammenarbeit und Willensbildung über das im Rahmen der Statuten hinaus Mögliche zu regeln. Gleichzeitig gilt es – wie erwähnt – für Fälle, wo sich die Partner nicht einigen können oder bei eigentlichen Patt-Situationen, Konfliktlösungsmechanismen vorzusehen (vgl. dazu nachfolgend III/2/c).

4. Ist eine Mehrheitsbeteiligung – etwa wegen entsprechender lokaler Rechtsvorschriften am Sitz der Joint Venture-Gesellschaft – nicht möglich, wird der betroffene Partner versuchen, die erzwungene Minderheitsposition durch "juristische Kunstgriffe" wie Vetorechte (Sperrminoritäten), Stimmrechtsbindungen im Joint Venture-Vertrag (z.B. Einstimmigkeitsprinzip für wichtige Bereiche oder Voting Trusts), Management-Verträge, Stimmrechtsaktien und dergleichen zu "umgehen", freilich auch hier nur so weit, als das lokale Aktien- bzw. Gesellschaftsrecht dies zulässt[20].

Auch kann im Joint Venture-Vertrag gegebenenfalls eine Besetzung der Geschäftsführungsorgane der Joint Venture-Gesellschaft durch Vertreter der einzelnen Partner vereinbart werden, die über- oder unterproportional zur Kapitalbeteiligung ist (z.B. paritätische Besetzung des Verwaltungs-

---

[20] Vgl. dazu auch LANGEFELD-WIRTH (FN 7), 62 ff.

rates)[21]. Als eine weitere Möglichkeit erwähnt LANGEFELD-WIRTH die Delegation von Aufgaben (Verlagerung von Kompetenzen) durch den (der Kapitalstruktur entsprechend besetzten) Verwaltungsrat an Gremien, zum Beispiel Executive Committee oder Beirat, mit paritätischer Besetzung; damit würde einem Minderheitsbeteiligten ein überproportionales Mitspracherecht in den etwa an das Executive Committee übertragenen Aufgaben gewährt[22].

5. Typisch und auch empfehlenswert (jedenfalls bei grösseren oder komplexeren Joint Venture-Projekten) ist, die Leitung der Joint Venture-Gesellschaft und des Joint Venture-Projekts folgender Struktur zu unterwerfen[23]:

a) ein *Verwaltungsrat (Board of Directors)*, welcher zuständig ist für die grundsätzliche Festlegung der Geschäftspolitik und Organisation, insbesondere die Ernennung, Kontrolle und Abberufung der weiteren mit der Geschäftsführung betrauten Personen, die Feststellung des Jahresabschlusses, die Ausgestaltung des Rechnungswesens sowie die Finanzkontrolle und -planung;

b) eine *Geschäftsführung*, welche zuständig ist für das Tagesgeschäft gemäss einem entsprechenden Pflichtenheft bzw. Organisationsreglement, das auch diejenigen Geschäftsvorfälle, die dem Verwaltungsrat zur Entscheidung vorzulegen sind, aufführt. Dabei ist freilich zu beachten, dass das massgebende Inkorporationsrecht, wie etwa Art. 716a OR im neuen schweizerischen Aktienrecht, bestimmte unübertragbare Aufgaben des Verwaltungsrates vorsehen kann (vgl. dazu auch nachfolgend unter III/2/b 7.).

6. Schwierigkeiten ergeben sich gelegentlich aus der Frage nach dem Verhältnis zwischen den Organkompetenzen im Rahmen der Joint Ventu-

---

[21] Vgl. dazu auch OERTLE (FN 7), 73 ff.
[22] Vgl. LANGEFELD-WIRTH (FN 7), 66 f.
[23] Vgl. LANGEFELD-WIRTH (FN 7, 66 f.; vgl. auch die zahlreichen Musterklauseln bei BAPTISTA/DURAND-BARTHEZ, *Les associations d'entreprises (Joint-Ventures) dans le commerce international*.

re-Gesellschaft (der Trägergesellschaft also) und dem die Obergesellschaft begründenden Joint Venture-Vertrag. Kann etwa der Verwaltungsrat der Joint Venture-Gesellschaft das Vertriebs- und Werbekonzept oder das Produktesortiment entgegen anderslautenden Abreden im Grundvertrag ändern? Formell, das heisst nach dem lokalen Aktienrecht, wird dies in aller Regel möglich sein. Allerdings wird der Basisvertrag die Partner regelmässig dazu verpflichten, dafür zu sorgen, dass ihre Vertreter in den Organen und im Management der Joint Venture-Gesellschaft ihr Stimmrecht in absoluter Konformität mit dem Grundvertrag ausüben. Weicht nun ein Verwaltungsrat von dieser Pflicht ab, liegt ein Verstoss gegen den Joint Venture-Vertrag desjenigen Partners vor, der ihn entsandt hat. Die diesbezüglichen Klauseln des Basisvertrages haben auch hier oft die Funktion, Minderheitsaktionäre vor Eigenmächtigkeiten des Mehrheitsaktionärs zu schützen.

LANGEFELD-WIRTH führt folgendes Beispiel einer solchen Vertragsklausel auf:

> "(1) So long as E holds beneficially not less than (x) shares in the nominal value of the issued share capital of the Company, it shall be entitled at any time and from time to time to appoint one director to the Board.
>
> (2) For so long as E shall be shareholder of the Company, no resolution will be adopted by the Company which has not been approved in writing by each of the shareholders for
>
> a) the undertaking of any new project,
> - b) concluding, materially amending terms or terminating of any contracts in which any shareholder is interested,
> - c) determining and adopting its capital budget,
> - d) granting of a general power of attorney,
> - e) cessation of the business of the Company,
> - f) the making of any loan to or guaranteeing any indebtedness or other obligation of any person, firm or corporation other than loans to or guarantees for the employees of the Company within the limits sanctioned by the Board,
> - g) the establishment and composition of Board Committees,
> - h) participation in equity of any company."[24]

---

[24] LANGEFELD-WIRTH (FN 7), 149 f.

Der Minderheitsaktionär E sichert durch diese Klausel nicht nur seine Vertretung im Verwaltungsrat der Joint Venture-Gesellschaft und seine Einflussmöglichkeiten in wesentlichen Entscheidungsbereichen, sondern auch seine generellen Mitspracherechte, indem die festgelegten Kompetenzen nicht einfach delegiert werden können.

7. Bei Massgeblichkeit des schweizerischen Aktienrechts stellt sich im zuvor erwähnten Problembereich die schwierige und bislang in der Literatur noch wenig diskutierte Frage, inwieweit eine grundvertragliche Verpflichtung der Partner, die in die Joint Venture-Gesellschaft entsandten Verwaltungsräte zur Einhaltung des Grundvertrages anzuhalten, in Anbetracht der neuen Bestimmungen von Art. 716a und 716b OR, welche dem Verwaltungsrat unübertragbare und unentziehbare Aufgaben zuordnen, überhaupt (noch) zulässig ist. BÖCKLI[25] erachtet eine "direkte, vertraglich durchsetzbare Fremdbestimmung [des Verwaltungsrats] im Bereich von Art. 716a und 716b OR – wenn das dortige gesetzliche Konzept der *Selbstorganschaft* ernst gemeint sein soll –" als "nicht mehr denkbar". Hingegen erscheine – so BÖCKLI weiter – "innerhalb des *Ermessensspielraums* der Exekutivtätigkeit eine Bindung des Verwaltungsratsmitglieds an die allgemeine Zwecksetzung eines Aktionärbindungsvertrages als zulässig, so lange, als nicht in einem Bereich der Hauptaufgaben die Eigenverantwortung faktisch ausgehöhlt und Fremdbestimmung eingerichtet wird". Eine solche gemilderte Einbindung in ein allgemeines Konzept müsse vor allem bei Joint Venture-Verträgen möglich sein.

Abgesehen davon, dass im Einzelfall die Abgrenzung zwischen zulässiger Bindung innerhalb des Ermessensspielraums und unzulässiger Fremdbestimmung auf erhebliche Schwierigkeiten stossen kann, stellt sich speziell bei Aktiengesellschaften mit einer personalistischen Struktur von der Güte eines Equity Joint Venture die Frage, ob nicht doch eine mittelbar aus dem Grundvertrag hervorgehende Bindung der Verwaltungsräte der Joint Venture-Gesellschaft zuzulassen ist, welche über das konfliktträchtige Kriterium des "Ermessensspielraums der Exekutivtätig-

---

[25] BÖCKLI, *Aktionärbindungsverträge, Vinkulierung und statutarische Vorkaufsrechte unter neuem Aktienrecht*, 475 ff., insbesondere 486.

keit" hinausgeht, und zwar mit der Folge, dass die aus dem Grundvertrag hervorgehenden Pflichten der Partner auf die verwaltungsrätliche Beschlussebene der Joint Venture-Gesellschaft durchschlagen und notfalls mit Realerfüllung durchsetzbar sind. Der Autor ist sich zwar bewusst, dass durch eine solche Betrachtungsweise das in den Art. 716a und 716b OR festgehaltene Prinzip der "Eigenverantwortung" erheblich eingeschränkt, wenn nicht sogar eliminiert würde. Allerdings kann nicht gänzlich unbeachtet bleiben, dass es Aktiengesellschaften mit überwiegend personalistischer bzw. partnerschaftlicher Ausrichtung und Struktur gibt. Mit der Zulässigkeit einer in diesen Fällen jedenfalls stark abgeschwächten Wirksamkeit von Art. 716a und 716b OR, mit der Folge einer verstärkten Einbindung des Verwaltungsrats etwa in ein Joint Venture-Konzept, würde nicht nur eben diesen partnerschaftlichen Strukturen, sondern auch dem Umstand Rechnung getragen, dass die in die Joint Venture-Gesellschaft entsandten Verwaltungsräte in aller Regel gleichzeitig Organe/Angestellte der Mutter-/Partnergesellschaften und insofern nichts anderes als deren verlängerter Arm sein dürften. Es ist nicht zu übersehen, dass die Eigenverantwortung eines Verwaltungsrates der Joint Venture-Gesellschaft regelmässig schon dadurch "faktisch ausgehöhlt" wird, als die Organstellung/das Anstellungsverhältnis in/mit der Partnergesellschaft immer dominant sein wird und aufgrund der mittelbaren Verbindlichkeit des Joint Venture-Vertrages für den Verwaltungsrat wohl auch sein muss. Die Funktion des entsandten Verwaltungsrats besteht ja gerade darin, dem Willen der Partnergesellschaft im Lichte des Joint Venture-Vertrages Ausdruck zu verleihen sowie den darin enthaltenen Pflichten nachzukommen. Insofern macht bei Joint Venture-Verhältnissen eine Unterscheidung zwischen der Treuepflicht des entsandten Verwaltungsrates im Rahmen seines Anstellungsverhältnisses mit der Mutter-/Partnergesellschaft sowie der Eigenverantwortung bzw. Selbstorganschaft bei der Joint Venture-Gesellschaft letztlich wenig Sinn.

Im übrigen stellt sich – wie auch von BÖCKLI hervorgehoben wird – unter diesen Umständen einer schon rein faktischen bzw. grundvertraglich bedingten "Fernlenkung des körperschaftlichen Organs" die Frage der Verantwortung der Muttergesellschaft, welche über die von ihr in die Joint Venture-Gesellschaft entsandten Verwaltungsräte oder Geschäftsführer möglicherweise gleichzeitig zum faktischen Organ der Joint Venture-Gesellschaft wird[26].

Die soeben dargelegte Einschränkung des in Art. 716a und 716b OR festgelegten Prinzip der Eigenverantwortung bedarf freilich einer sie legitimierenden Abstützung im Bereich des Zweckartikels der Joint Venture-Gesellschaft: Sie ist nur dann zuzulassen, wenn gleichzeitig der Zweck der Joint Venture-Gesellschaft auf den im Joint Venture-Vertrag festgehaltenen Partnerschaftsgedanken und auf das einer zweistufigen Struktur unterworfene Joint Venture-Projekt ausgerichtet wird. Die Zulässigkeit einer Fremdbestimmung bzw. Fernsteuerung des Verwaltungsrates ergibt sich damit bereits aus einer solchen partnerschafts- und projektbezogenen Zweckumschreibung in den Statuten der Joint Venture-Gesellschaft. Denn: die in den Art. 716a und 716b OR umschriebenen Aufgaben haben sich in erster Linie am Zweck der Joint Venture-Aktiengesellschaft zu orientieren und sind diesem entsprechend untergeordnet. Zwar scheint es nicht zulässig, in den Zweckartikel der Joint Venture-Gesellschaft konkret die Erfüllung des Grundvertrages aufzunehmen; allerdings spricht nichts dagegen, als Zweck die Durchführung des konkreten Joint Venture-Projekts nach partnerschaftlichen Gesichtspunkten zu nennen.[27]

Selbst wenn man die Zulässigkeit einer direkten, mit Realerfüllung durchsetzbaren Fremdbestimmung des Verwaltungsrates im oben dargelegten Sinn verneint, wird dadurch der Joint Venture-Vertrag im Bereich dieser Fremdbestimmungsklausel nicht etwa ungültig. Die den vertragswidrig handelnden Verwaltungsrat entsendende Muttergesellschaft wird möglicherweise schadenersatzpflichtig (Erfüllungsinteresse) oder sie ist

---

[26] Vgl. BÖCKLI (FN 25), 486.

[27] Vgl. dazu im übrigen auch FORSTMOSER, *Organisation und Organisationsreglement nach neuem Aktienrecht*, 21 ff., welcher es für "kleinere personenbezogene Verhältnisse" als zulässig ansieht, "grundlegende Entscheide (auch) der Geschäftspolitik in den Kompetenzbereich der Generalversammlung zu legen". Er ist allgemein der Meinung, dass das Paritätsprinzip in diesem Bereich *nicht überspitzt* werden sollte, zumal es die Aktionäre durch Generalversammlungsbeschluss in der Hand hätten, mit einer engeren Fassung des Zwecks der Gesellschaft oder einer Begrenzung des Gegenstands der Geschäftstätigkeit fast beliebig zu bestimmen.

allenfalls zur Zahlung einer für diesen Fall vereinbarten Konventionalstrafe verpflichtet.

c) Konfliktlösungsmechanismen/Deadlock Devices

1. Die im Joint Venture-Vertrag enthaltenen Stimmbindungselemente haben auch den Zweck, sogenannte Patt-Situationen (Deadlocks) bei paritätischen Beteiligungs- bzw. Stimmrechtsverhältnissen an der Joint Venture-Gesellschaft durch entsprechende grundvertraglichen Absprachen zu vermeiden bzw. zu überwinden. Die Gefahr von solchen Patt-Situationen ist besonders gross, wenn zwei Partner mit jeweils 50 Prozent an der Joint Venture-Gesellschaft beteiligt sind oder wenn der Basisvertrag einen entsprechenden Ausgleich (etwa durch Festlegung des Verwaltungsratsproporzes) zu einer Minderheitsbeteiligung schafft. Denkbar sind Patt-Situationen auch dann, wenn der Joint Venture-Vertrag für bestimmte Beschlüsse – unabhängig von den Beteiligungsverhältnissen – Einstimmigkeit vorschreibt.

Als Beispiele solcher grundvertraglicher Konfliktregelungsmechanismen (man spricht auch von "Deadlock Devices") seien genannt:

2. Die Partner können etwa dem jeweils Vorsitzenden des Verwaltungsrates oder auch der Partner-/Generalversammlung die Möglichkeit eines Stichentscheids grundvertraglich zuweisen (sog. "Casting Vote"). Abgesehen von der Einfachheit dieser Lösung ist es offensichtlich, dass ein solches "Casting Vote" den Entscheidungskonflikt zwischen den Partnern nicht im Kern löst. Er ist häufig nicht vertrauensbildend, da der unterliegenden Partei der Standpunkt der anderen aufgezwungen wird, "ohne dass Gewähr für die Überlegenheit dieses Standpunktes bestände"[28].

---

[28] Vgl. dazu VON DER CRONE, *Lösung von Patt-Situationen bei Zweimann-Gesellschaften*, 43; vgl. dazu auch OERTLE (FN 7), 76 ff., welcher dieser Lösung insbesondere dann ein erhebliches Konfliktpotential beimisst, wenn der Vorsitz turnusgemäss von einem Partner auf den anderen wechselt und Entscheide über anstehende Grundsatzfragen damit planbar werden.

3. Weitere Möglichkeiten der Überwindung von "Deadlocks" sind: die Ernennung eines Schiedsmannes, die Zuwahl eines unabhängigen Verwaltungsrates, die Aufnahme eines Minderheitsgesellschafters[29] oder auch die Hintereinanderschaltung von paritätisch besetzten Konfliktlösungsinstanzen (z.B. Direktorium → Verwaltungsrat → Aktionärsausschuss → Aktionärsversammlung[30]). Allerdings vermögen auch diese Lösungsansätze einen Entscheidungskonflikt oft nicht an der Basis zu beheben. Die Vertrauensbasis ist jedenfalls nur dann nicht in Gefahr, wenn die getroffene Lösung berechtigten, individuellen Interessen des "unterliegenden" Partners (etwa seines finanziellen Leistungsvermögens) ausreichend Rechnung trägt. Dies zu erreichen, dürfte allerdings oft schwierig sein.

Die Hintereinanderschaltung von Konfliktlösungsinstanzen kann gegebenenfalls in dem Sinne zu einer Konfliktlösung beitragen, dass sich die Beteiligten auf mehreren Stufen mit der Konfliktvorlage auseinanderzusetzen haben, woraus unter Umständen Wege einer für alle Teile befriedigenden Lösung hervorgehen. Sind sich die Partner allerdings in einer wesentlichen Frage (etwa ein nicht vorgesehener Nachschuss erheblicher Mittel oder die Aufnahme weiterer Partner) grundsätzlich nicht einig, wird auch die Hintereinanderschaltung mehrerer Instanzen wenig zu einer einvernehmlichen, den Weiterbestand des Joint Venture-Verhältnisses garantierenden Lösung führen[31]; denn im Zweifel wird das individuelle und weniger das kollektive Interesse der Partnerschaft wegleitend für die Haltung des einzelnen Partners sein.

---

[29] Vgl. dazu OERTLE (FN 7), 77 f

[30] Vgl. SCHLUEP (FN 2), 489 ff.; REYMOND (FN 2), 386 f.; OERTLE (FN 7), 78.

[31] Zu den Eigenschaften des Einstimmigkeitsprinzips vgl. insbesondere VON DER CRONE (FN 28), 38 ff., welcher die an sich positive Grundbeurteilung des Einstimmigkeitsprinzips (einstimmigkeitsfähige Projekte liegen notwendigerweise zugleich im individuellen wie im kollektiven Interesse) insofern relativiert, als die Suche nach einer die Interessen aller Beteiligten berücksichtigenden Lösung – insbesondere bei einer grösseren Gruppe – aufwendig und kostenintensiv sein kann, da mit der Grösse der Gruppe das Risiko wachse, dass einzelne Gruppenmitglieder mit dem einzigen Ziel sachfremde Positionen beziehen, sich ihre Zustimmung möglichst teuer abkaufen zu lassen.

4. Allgemein ist zu bemerken, dass Konfliktregelungsmechanismen bzw. "Deadlock Devices" nur so lange zweckmässig und unter Umständen erfolgbringend sind, als bei den Joint Venture-Partnern weiterhin der gemeinsame Wille zur Aufrechterhaltung der Kooperation besteht, was letztlich – wie erwähnt – nichts anderes bedeutet, als dass nur solche Lösungen kooperationserhaltend wirken, welche das Vertrauen aller Partner in das Projekt selbst und auch in den eingeschlagenen Weg erhalten.

5. Finden die Partner keinen Weg zu einer partnerschaftserhaltenden Lösung, bleibt nur noch die Bereinigung der Aktionärsstruktur, und zwar in aller Regel durch die Übernahme der Aktien der einen Partei durch die andere. Dabei kommt in der Praxis "Buy/Sell-Arrangements" oder sogenannten "Puts and Calls" eine besondere Bedeutung zu. Darauf ist im Rahmen der Beendigung des Joint Venture noch im einzelnen zurückzukommen (vgl. unten IV).

d) Umfassende Informationspflichten

1. Im Rahmen des Basisvertrages ist ausserdem sicherzustellen, dass dem Anspruch jedes Partners – insbesondere eines Minderheitspartners oder eines nicht am Management beteiligten Partners – auf umfassende Information durch entsprechende *uneingeschränkte Informationspflichten* der verantwortlichen Organe der Joint Venture-Gesellschaft ausreichend Rechnung getragen wird.

2. Selbst wenn dieser Aspekt nicht ausdrücklich im Joint Venture-Vertrag geregelt ist, lässt sich dieser umfassende Informationsanspruch, welcher über die aktienrechtlichen Auskunftsrechte von Minderheitsaktionären hinausgeht, allgemein aus der kooperativen Natur des Rechtsverhältnisses herleiten. Die etwa im schweizerischen Aktienrecht bestehenden Möglichkeiten, Auskunftsrechte von Aktionären einzuschränken (vgl. etwa Art. 697 Abs. 2 OR), sind nicht auf Kooperationsverhältnisse wie Joint Venture zugeschnitten. Diese sind weitgehend von der Zielsetzung ihrer Träger beherrscht, und zwar unabhängig vom Umfang der Beteiligung des einzelnen Partners. In diesem Sinn ist auch einem Partner mit Min-

derheitsbeteiligung an der Joint Venture-Gesellschaft – jedenfalls grundvertraglich, möglicherweise auch aktienrechtlich – ein uneingeschränktes Auskunftsrecht in bezug auf alle projekt- und gesellschaftsrelevanten Fragen zu gewähren, denn bei solchen Kooperationsverhältnissen geht es letztlich um die "Garantie der funktionalen Mitwirkung im Rahmen des Kooperationszweckes"[32].

SCHLUEP weist in diesem Sinn mit Recht darauf hin, dass in Fällen von Kooperationsverhältnissen wie etwa Joint Venture-Gebilden andere Formen der Information gefunden werden müssen, als sie das Verbandsrecht vorsieht. Er schlägt etwa die Bildung statutarischer Koordinationsausschüsse vor, in denen zuhanden der Partner unbegrenzt Auskunft erteilt und Abstimmungsprobleme diskutiert werden. Bei einer kleineren Zahl von Partnern besteht ausserdem die Möglichkeit, häufiger (z.B. monatlich oder vierteljährlich) Generalversammlungen abzuhalten, welche ausschliesslich dem Zweck der Information, der Koordination und gegebenenfalls der Konfliktbereinigung dienen[33].

Im übrigen besteht zwischen dem umfassenden Informationsanspruch jedes Partners und dem nachfolgend behandelten Aspekt der Kooperations- und Loyalitätspflicht ein enger Zusammenhang. Jener ist nichts anderes als eine Erscheinungsform dieser.

e. Kooperations- und Loyalitätspflicht im allgemeinen

1. Aufgrund der meist komplexen Natur der Joint Venture-Verbindung und der allgemeinen Unsicherheiten, die mit solchen Unternehmen in aller Regel verbunden sind, ist die erfolgreiche Durchführung eines solchen Langzeitprojekts ohne ein "vertrauensvolles Zusammenwirken"[34] der Kooperationspartner nicht denkbar. Ein konstruktives Zusammenwirken setzt – wie soeben dargelegt – einen andauernden Informationsaustausch,

---

[32] SCHLUEP (FN 2), 491.
[33] Vgl. dazu im einzelnen SCHLUEP (FN 2), 492 und 396.
[34] Vgl. LARENZ, *Schuldrecht*, Band I, Allgemeiner Teil, 14. Aufl., München 1987, 31 f.

aber auch eine möglichst präzise Umschreibung der Pflichten des einzelnen Partners, zunächst in der Aufbau- und schliesslich in der Betriebsphase des Joint Venture voraus. Dies sind Grundvoraussetzungen der Willensbildung überhaupt.

Die abschliessende Regelung der Rechte und Pflichten jedes Partners im Basisvertrag ist allerdings nicht immer möglich; dies gilt insbesondere etwa für Projekte, welche die Entwicklung eines Produkts, verbunden mit unter Umständen aufwendigen Forschungsarbeiten, vorsehen. Die Ungewissheit in bezug auf den Projektverlauf bzw. -erfolg, aber auch die Notwendigkeit einer Koordination des gegenseitigen Austausches von Know-how, ist bei solchen Vorhaben besonders gross. Die Partner werden damit *verstärkt* an ein *loyales Verhalten* gebunden, und zwar unabhängig von einer konkreten Vertragsklausel oder Rechtsordnung. Der Verfasser vertritt sogar die Ansicht, dass bei komplexen, grenzüberschreitenden Kooperationsverhältnissen von der Güte eines Equity Joint Venture diese (verstärkte) *Loyalitätspflicht* zum Kreis der allgemeinen (internationalen) Rechtsprinzipien ("general principles of law as recognized by civilized nations") gezählt werden kann. Eine Konkretisierung dieser Pflicht hat entlang folgender Linien zu erfolgen:

2. Zunächst lässt sich der Umfang dieser auch als Kooperationspflicht zu verstehenden Loyalitätspflicht aus den konkreten vertraglichen Abreden herleiten. Darüber hinaus bestehen bei Personengesellschaften – der Basisvertrag weist auch Merkmale einer einfachen Gesellschaft auf (vgl. dazu unten V) – allgemein Treuepflichten[35]. Mehrstufige komplexe Joint Venture-Verhältnisse lassen eine besonders ausgeprägte "devoir de coopération" unter den Partnern entstehen, welche von gewissen Autoren treffend mit *"loyauté renforcée"* umschrieben wird[36].

3. Die Intensität dieser *"loyauté renforcée"* ist letztlich von der Enge der Bindung abhängig und kann nur anhand des konkreten Kooperationsverhältnisses bestimmt werden. Sie ist im Sinne einer eigentlichen Inter-

---

[35] Vgl. dazu VON STEIGER, *Gesellschaftsrecht*, 293.

[36] Vgl. BAPTISTA/DURAND-BARTHEZ (FN 23), 79 f.

essenförderpflicht dann besonders ausgeprägt und geht über die typischen gesellschaftsrechtlichen Pflichten (etwa Beitrags-, Geschäftsführungs- und Vertretungspflichten, Sorgfaltspflichten oder Konkurrenzverbote) hinaus, wenn – wie beim Equity Joint Venture – gleichzeitig vertragliche und korporative, die Organisation der Kooperation institutionalisierende Strukturen bestehen. Die "loyauté renforcée" ist dann nicht nur im Sinne von bestimmten Unterlassungspflichten zu verstehen, sondern sie gebietet den Partnern aktiv, dem jeweils anderen Partner alle wesentlichen Informationen, die mit der Verbindung zusammenhängen, mitzuteilen.

4. Zur Illustration der Frage nach dem Umfang der "loyauté renforcée" sei kurz auf das *ICSID-Schiedsverfahren* zwischen den deutschen *Klöckner-Werken* und der *Republik Kamerun*[37] hingewiesen:

Der Joint Venture-Vertrag zwischen Klöckner und dem Staate Kamerun sah die Errichtung einer Düngemittelfabrik in Kamerun durch Klöckner vor. Die notwendigen Bestandteile und Ausrüstungsgegenstände für die Fabrik sollten ebenfalls von Klöckner geliefert werden. Träger des Unternehmens sollte eine in Kamerun domizilierte Joint Venture-Gesellschaft sein, an deren Aktienkapital sich Klöckner mit 51 Prozent beteiligen sollte. Aufgrund eines Management-Vertrages sollte Klöckner auch die Verantwortung für das technische und kommerzielle Management übernehmen. Kamerun garantierte neben anderen Verpflichtungen unter anderem die vollständige Zahlung des Preises für die Fabrikerrichtung. Zwar wurde die Fabrik vertragsgemäss errichtet, doch wurde ihr Betrieb nach nur 18 Monaten wegen Unrentabilität und – wie Kamerun meinte – technisch mangelhaftem Management durch Klöckner geschlossen. Klöckner klagte in der Folge gegen den Staat Kamerun auf Zahlung der noch ausstehenden Geldbeträge für die Errichtung und Ausrüstung der Fabrik. Das Erstgericht wies die Klage unter anderem

---

[37] Vgl. den ICSID-Schiedsentscheid (Convention on the Settlement of Investment Disputes between States and Nationals of Other States) vom 21. Oktober 1983 in Sachen Klöckner Industrie-Anlagen GmbH c/République du Cameroun, in: Clunet (Journal du droit international) 1984, 409 ff., englische Übersetzung in: Yearbook Commercial Arbitration, Vol. X (1985), 71 ff.

mit der Begründung ab, Klöckner habe seine Pflicht, den Partner umfassend und uneingeschränkt über alle Geschäftsbelange zu informieren, verletzt.

Klöckner zog den Entscheid an ein sogenanntes "comité ad hoc"[38] weiter, welches den Erstentscheid[39] aufhob bzw. kassierte. Das Vertragsverhältnis zwischen den Parteien unterstand mangels Rechtswahl dem Recht von Kamerun, welches (materiell) weitgehend dem französischen Recht entspricht. Das Zweitgericht gelangte zum Schluss, das Erstgericht habe seinen Entscheid nicht in Wirklichkeit auf französisches Recht abgestützt, "but on a sort of declaration, as general as it is imprecise, of principles alleged to be universally recognized"[40]. Aufgrund der sich aus der ICSID-Convention unzweideutig ergebenden Anwendbarkeit des Rechts von Kamerun, sei es dem Erstgericht nicht erlaubt gewesen, "to rest his decision *only* on the basis of 'principles of international law'". Das Erstgericht könne deswegen nicht ohne weitere Substantiierung feststellen, "that Klöckner did not act towards its Cameroonian partner in a frank, loyal and candid manner required in such complex international contractual relations" und Kamerun entsprechend eine "exeptio non adimpleti contractus" gewähren. Ohne auf die aufgeworfenen Fragen näher einzugehen, hält das "comité ad hoc" des weiteren fest:

> "Clearly, the principle of good faith lies 'at the root' of French civil law as of other legal systems, but this elementary observation does not in itself provide any answer to the question raised here. Does there exist, in Cameroonian law or in Franco-Cameroonian law, any such 'principle', as stated or postulated by the Award, of '*the obligation of full disclosure*'? If it does exist, flowing no doubt from the general principle of good faith, and the obligation of frankness and loyalty, then *how*, by what *rules* and by what *methods* is it fulfilled, and within what *limits*? Can one have an obligation

---

[38] Vgl. den Entscheid des "Comité ad hoc" vom 3. Mai 1985, in: Clunet 1987, 163 ff., englische Übersetzung in: Yearbook Commercial Arbitration, Vol. XI (1986), 162 ff.

[39] Unter Verweis auf die ICSID-Convention vom 18. März 1965, welche von der Schweiz ratifiziert wurde und seit 14. Juni 1968 in Kraft ist: vgl. Amtliche Gesetzessammlung AS 1968, 981 ff.; SR 0.975.1.

[40] Yearbook Commercial Arbitration, Vol. XI (1986), 169.

of 'full disclosure' and an unlimited one at that, even if it operates to one's own detriment? Does there exist a single legal system which recognizes such an extensive obligation? These are some of the questions which naturally come to mind and to which the Award furnishes no sort of answer."[41]

Der Kassationsentscheid des "Comité" stellt das Bestehen einer "loyauté renforcée" als allgemeines Rechtsprinzip somit nicht grundsätzlich in Frage, sondern hält lediglich fest, dass der Umfang derselben jeweils im Rahmen des anwendbaren Rechts zu bestimmen ist, sofern das Schiedsgericht nicht zu einer "amiable composition" ermächigt ist. Dem Erstgericht wird damit in erste Linie eine mangelnde Konkretisierung der "obligation of full disclosure" (als einer der Aspekte der "loyauté renforcée") vorgeworfen. Zu der vom "Comité" ebenfalls aufgeworfenen Frage, ob ein Joint Venture-Partner der "obligation of full disclosure" auch dann nachzukommen habe, wenn er sich damit unter Umständen selbst schädigt, ist m.E. so zu beantworten, dass die Gefahr der Selbstschädigung kein Grund zur Einschränkung der "loyauté renforcée" darstellt. Ungeachtet einer allfälligen Selbstschädigung umfasst die "obligation of full disclosure" in erster Linie die Pflicht, drohenden oder weiteren Schaden (etwa weil sich aufgrund neuer Erkenntnisse oder veränderter Umstände die Erfolgschancen des Joint Venture-Projekts stark vermindert haben) durch eine uneingeschränkte Informationspolitik und Offenlegung allfälliger erfolgsbehindernder Umstände abzuwenden. Dies muss um so mehr gelten, wenn etwa wie im Beispielfall aufgrund eines Management-Vertrages nicht alle Partner in gleicher Weise an der Leitung des Joint Venture beteiligt sind. Die "loyauté renforcée" gebietet unter Umständen sogar, bereits begangene Pflichtwidrigkeiten dem oder den anderen Partner(n) anzuzeigen, sofern damit weiterer Schaden – etwa durch Auflösung der Verbindung – verhindert werden kann. Fehlen im entsprechend anwendbaren Recht gesetzliche Regeln über den Bestand und den Umfang der "loyauté renforcée" (was für die meisten Rechtsordnungen der Fall sein dürfte), ist diese anhand der vertraglichen Abmachungen und anhand des jedem Partner zukommenden Know-hows und tatsächlichen Wissens zu konkretisieren.

---

[41] Yearbook Commercial Arbitration, Vol. XI (1986), 171.

f) Neuverhandlungs-, Anpassungs- und Nachleistungspflichten

1. Besondere Bedeutung kommt dem qualifizierten Loyalitätsgebot bei Joint Venture dann zu, wenn sich die Vertragssituation aufgrund äusserer Umstände verändert: Es verpflichtet dann die Partner zu einer grundsätzlichen Bereitschaft, konstruktiv und mit Blick auf die Erhaltung des Kooperationsverhältnisses an einer Anpassung des Vertrages an veränderte Umstände mitzuwirken. Notwendig sind dementsprechend nicht nur – wie dargelegt – grundvertraglich vorgesehene Mechanismen zur Konfliktregelung (vgl. auch oben 2/c), sondern auch solche der *Vertragsanpassung*, wozu insbesondere "*Neuverhandlungsklauseln*" (renegotiation clauses) und das Umschreiben konkreter "*Anpassungstatbestände*" zu zählen sind.

Die Partner sind aber auch ausserhalb eines im Kooperationsvertrag ausdrücklich umschriebenen Neuverhandlungsverfahrens gehalten, Probleme im Rahmen der Vertragsabwicklung loyalitätsbewusst und mit Blick auf beidseits akzeptable Lösungen zu verhandeln[42]. Neuverhandlungen sind bei Vorliegen entsprechender Umstände mit einer gewissen Ernsthaftigkeit und einem Blick auf die Interessenlage des anderen Partners zu führen[43].

2. Die Frage der Anpassung ist eines der zentralen Probleme kooperativer Langzeitverträge, insbesondere im Bereich des internationalen Wirtschaftsverkehrs[44]. Sie stellt sich dabei nicht nur, wenn die Voraussetzungen einer sogenannten "clausula rebus sic stantibus"[45] vorliegen

---

[42] Vgl. REYMOND (FN 2), 388.

[43] Vgl. dazu insbesondere auch BAPTISTA/DURAND-BARTHEZ (FN 23), 79 f.

[44] Vgl. dazu KRAMER, *Berner Kommentar zu Art. 18 OR*, N 272 ff.; HORN, *Die Anpassung langfristiger Verträge im internationalen Wirtschaftsverkehr*, 10 ff.; JÄGGI/GAUCH, *Zürcher Kommentar zu Art. 18*, N 561 ff.; PETER, *Arbitration and Renegotiation of International Investment Agreements*, 85 ff.

[45] Das heisst die meist ungeschriebene Klausel, dass der Vertrag nur so lange gelten soll, als sich Verhältnisse in dem bisherigen Rahmen bewegen und nicht grundlegend verändert sind. Vgl. dazu allgemein BUCHER, *Schweizerisches Obligationenrecht*, AT, 2. Aufl., Zürich 1988, 395 ff.

oder im Falle von "force majeure", sondern – als Konkretisierung der "loyauté renforcée" – bereits dann, wenn das *partnerschaftliche Gleichgewicht ins Wanken* gerät.

3. Allgemein ist zu unterscheiden, ob der Joint Venture-Vertrag die Anpassung etwa im Rahmen einer speziellen Anpassungs- bzw. Neuverhandlungsklausel ausdrücklich oder konkludent vorsieht oder ob keine entsprechenden Abreden bestehen. Bei Fehlen vertraglicher Regeln ist wiederum zwischen *gesetzlichen Anpassungsregeln* und der *Füllung einer Anpassungslücke durch richterliche Vertragsanpassung* zu unterscheiden[46]. In diesem Fall ist die Anpassung – abgesehen von den Fällen, in denen das Gesetz die Anpassung ausdrücklich vorsieht[47] – nichts anderes als ein Spezialproblem der richterlichen Vertragsergänzung. Von Bedeutung für das Anpassungsergebnis kann auch sein, ob ein ordentliches Gericht oder ein (privates) Schiedsgericht mit der Sache befasst ist.

4. *Vertragliche Anpassungsklauseln* können einzelne Tatbestände konkret nennen und bei deren Einritt automatisch den Vollzug der Anpassung anordnen. Anpassung ist in solchen Fällen weniger Vertragsabänderung als vielmehr Vertragserfüllung bzw. der Eintritt einer Bedingung. HORN[48] nennt als Beispiele solcher "vertragsimmanenter" Anpassungsklauseln: Abreden über die planmässige Vertragsergänzung und Kontrolle der Vertragsdurchführung, Klauseln über Abänderung und Abweichung der Ausführung, Preisklauseln und Gewinnschutzklauseln, Wertsicherungsklauseln, Stabilisierungsklauseln, Steuerklauseln und Übernahmeklauseln.

Der Vertrag kann aber auch Bezug nehmen auf bestimmte nicht vorhersehbare Risiken oder veränderte Umstände. In diesen Fällen wird der Vertrag regelmässig entweder aufgelöst oder an die veränderten, ver-

---

[46] Vgl. dazu insbesondere KRAMER (FN 44), zu Art. 18 OR, N 276 ff., N 297 ff.
[47] Für das schweizerische Recht vgl. etwa Art. 21 OR (Übervorteilung), Art. 24 Abs. 1 Ziff. 4 OR (Grundlagenirrtum).
[48] Vgl. HORN (FN 44), 19 ff.

tragserheblichen Umstände angepasst[49]. Das Anpassungsverfahren spielt dabei eine entscheidende Rolle, gilt es doch, die Tatbestandsmerkmale der (grundlegenden) Veränderung erst einmal festzustellen[50]. Hilfreich ist dabei, wenn der Vertrag bereits beispielhaft eine Reihe von Fällen "veränderter Umstände" aufzählt.

Enthält der Basisvertrag hingegen lediglich eine allgemeine, nicht näher spezifizierte Neuverhandlungsklausel, ist es eine Frage der Interpretation derselben, ob sich die Parteien nur dazu verpflichten wollten, Neuverhandlungen mit einer gewissen Ernsthaftigkeit zu führen oder ob eine eigentliche Pflicht zur Anpassung, d.h. Pflicht zur Konsensfindung besteht[51]. Auf letzteres ist m.E. freilich nur bei Bestehen besonderer Anhaltspunkte oder einer besonders schützenswerten individuellen oder unter Umständen auch kollektiven Interessenlage zu schliessen. Im übrigen kann aus der blossen Pflicht zur Neuverhandlung allenfalls eine Schadenersatzpflicht entstehen, "wenn eine Partei ihrer Verhandlungspflicht nicht oder nicht ernsthaft nachkommt und dem Kontrahenten dadurch ein Vertrauensschaden (negatives Vertragsinteresse) zugefügt wird"[52].

---

[49] Der Vertrag kann freilich den Grad der Veränderung (z.B. "erhebliche" oder "fundamentale" oder "grundlegende" Veränderung) näher umschreiben.

[50] Vgl. dazu HORN (FN 44), 25 ff. Er nennt als Beispiele: Allgemeinklauseln über "höhere Gewalt" bzw. "force majeure", "Unzumutbarkeit" bzw. "hardship-clause" und "besondere Risiken". Er bemerkt zu Recht, dass die traditionelle "force majeure"-Klausel als Rechtsfolge in erster Linie die Vertragsauflösung wegen grundlegender Änderung vertragsrelevanter Umstände bezweckt, die moderne "hardship"-Klausel im wesentlichen auf die Anpassung des Vertrags an die veränderten Umstände, in aller Regel aufgrund von Neuverhandlungen, abzielt.

[51] Vgl. dazu KRAMER (FN 44), zu Art. 18 OR, N 286.

[52] KRAMER (FN 44), zu Art. 18 OR, N 286; vgl. auch HORN (FN 44), 69, welcher m.E. zu Recht vermerkt, dass eine hinreichende Konkretisierung der Anpassungsklausel bzw. Neuverhandlungsklausel aus *internationalen Rechtsanschauungen über eine faire Risikoverteilung* in dem betreffenden Vertragstyp gefunden werden kann. Daraus liesse sich nicht in jedem Fall ein faires Anpassungsprogramm ableiten, wohl aber liessen sich Grenzen bestimmen, innerhalb deren sich die verhandlungsführende Partei bewegen müsse. Man könne daraus m.a.W. Kriterien ermitteln, um faire Angebote von unfairen zu unterscheiden und immerhin feststellen, ob eine Partei ihrer

5. Die *richterliche Vertragsanpassung* ist eine subsidiäre Möglichkeit, wenn sowohl vertragliche Anpassungsklauseln als auch gesetzliche Anpassungsregeln fehlen und somit eine sogenannte "Anpassungslücke" besteht. Massgebend für den Richter ist dabei in erster Linie der konkrete Vertragsinhalt. Lässt sich aus dem Vertrag nichts herleiten, muss die individuelle Interessenlage der Partner, aber auch der Gesichtspunkt der im kollektiven Interesse liegenden *Vertragserhaltung*, Massstab für die richterliche Anpassung sein. Der Richter hat dabei den hypothetischen Parteiwillen im Lichte von Treu und Glauben bzw. eines loyalen Geschäftsgebarens zu ermitteln. Nötigenfalls hat er eine "an der Besonderheit, der 'Natur' des konkreten Vertrages orientierte" Lösung für die Anpassung zu entwickeln[53].

Ein Fall von richterlicher Anpassung liegt bei Joint Venture insbesondere dann vor, wenn den Partnern, trotz Fehlens entsprechender Abreden im Grundvertrag, *Nachleistungs- oder Nachschusspflichten* auferlegt werden (auch diese sind – wie erwähnt – im Lichte der qualifizierten Loyalitätspflicht zu konkretisieren). Eine Anpassung kann jedenfalls nur unter Beachtung der konkreten Umstände vorgenommen werden; allgemein müssen unvorhersehbare Umstände vorliegen. Auch können die Partner nicht uneingeschränkt zu Nachleistungen angehalten werden, insbesondere dann nicht, wenn die Zukunftschancen des Gemeinschaftsunternehmens auch mit der Nachleistung als gering anzusehen sind. Ebenso sind die Höhe der Nachleistung und das Nachleistungsvermögen des jeweiligen Partners in Betracht zu ziehen. Nachleistungspflichten sind allgemein dann zu verneinen, wenn die Ursache ihrer Entstehung auf eine Pflichtverletzung des andern Partners zurückzuführen ist.

Verhandlungspflicht nachkommt oder nicht. Ernst genommen würde die Pflicht nur von einer Partei, die ernsthaft auf einen Abschluss hinarbeite.

[53] Vgl. KRAMER (FN 44), zu Art. 18 OR, N 331, welcher in N 333 ff. als Kriterien für die richterliche Entscheidung, ob angepasst werden soll oder nicht, nennt: keine Vorhersehbarkeit, keine Selbstverursachung und kein Selbstverschulden (keine Verzugslage), keine vorbehaltlose Vertragserfüllung und eine gravierende Äquivalenzstörung. Vgl. zum ganzen auch JÄGGI/GAUCH (FN 44), zu Art. 18 OR, N 561.

6. *Schiedsgutachtliche und schiedsgerichtliche Vertragsanpassung:* Die Frage der Anpassung komplexer Vertragsgebilde, insbesondere der damit verbundenen verfahrensmässigen Aspekte, beschäftigen seit längerem auch die internationale Schiedsgerichtsbarkeit[54]. Dies lässt sich einerseits damit erklären, dass bei komplexen Langzeitverträgen ganz generell ein *erhöhter Anpassungsbedarf* besteht. Andererseits erweist sich das Schiedsverfahren in vielen Fällen als geeigneter und flexibler für Anpassungen, da allfälligen Einschränkungen der Anpassung durch nationale Rechtsordnungen in weit geringerem Mass Rechnung getragen werden muss. Im Bereich der Vertragsanpassung steht ein vertraglich vereinbartes Verfahren, das *Verfahren des Schiedsgutachters*, im Vordergrund. Ein solches Verfahren wird im Rahmen der Neuverhandlungsklauseln bzw. Anpassungsregeln häufig vorgesehen. Dabei verpflichtet sich jeder Partner bei Vertragsschluss, dem Anpassungsentscheid des Schiedsgutachters Folge zu leisten. Die Internationale Handelskammer (IHK) hat zudem spezielle Anpassungsregeln geschaffen; diese bezeichnet sich selbst ausdrücklich als vertragliches und nicht-prozessuales Verfahren[55].

Wesentliche Bedeutung hinsichtlich der *schiedsgerichtlichen Befugnis*, den Vertrag anzupassen, kommt dem anwendbaren Recht zu. Aus diesem lässt sich letztlich die Entscheidungskompetenz der angerufenen (Schieds-)Stelle herleiten. Erst der Rahmen der schiedsgerichtlichen

---

[54] Vgl. NICKLISCH (FN 1), 633 ff.; vgl. zudem die übersichtliche Darstellung bei HORN (FN 44), 51 ff.

[55] Beide Verfahrensarten haben Vor- und Nachteile. Das förmliche Schiedsverfahren bietet grösseren prozessualen Schutz und ist nach New Yorker Konvention vollstreckbar bzw. anerkennungsfähig. Das vertragliche Anpassungsverfahren gewährt zwar nicht notwendigerweise den prozessualen Minimalschutz (rechtliches Gehör) und führt nicht zu einem vollstreckbaren Schiedsspruch, kann aber individueller und den Bedürfnissen des jeweiligen Vertrages entsprechend ausgestaltet werden. Das vertragliche Verfahren eignet sich zudem dann besser, wenn die Anpassung im wesentlichen mit Blick auf die weitere Zusammenarbeit erfolgt. Der Anpassungsentscheid wird bei einem vertraglichen Verfahren Bestandteil des Kooperationsvertrages und kann allenfalls in prozessualer Hinsicht ein bindendes Beweismittel sein bzw. die Beweislast verschieben. Die Ermittlung einer eigentlichen Schiedspraxis der Anpassung ist allerdings schwierig. Vgl. dazu allgemein HORN (FN 44), 51 ff.

Kompetenz – auch in prozessualer Hinsicht – zeigt, inwieweit das Schiedsverfahren überhaupt zur Anpassung taugt. Eine umfassende Flexibilität in der Entscheidung steht dem Schiedsgericht dann offen, wenn es von den Parteien zu einer "amiable composition" (Entscheidung nach Billigkeitsgesichtspunkten) ermächtigt ist und die massgebliche Schiedsordnung eine solche zulässt[56].

3. Elemente der Willensbildung in den Statuten der Joint Venture-Gesellschaft

a. In aller Regel legt bereits der Basisvertrag den spezifischen Inhalt der Statuten bzw. die Grundzüge der Organisation der Joint Venture-Gesellschaft fest und enthält meistens Regeln in bezug auf die Willensbildung der Joint Venture-Gesellschaft (Stimmbindung) oder die Sicherung der Anteile der Partner (Übertragbarkeitsbeschränkungen), welche auf statutarischer Ebene unter Umständen nicht möglich sind. Die allfällige statutarische Ungültigkeit einer Abrede bedeutet somit nicht automatisch auch das Dahinfallen einer bloss grundvertraglichen Verbindlichkeit.

b Den *Statuten* der Joint Venture-Gesellschaft oder – sofern möglich – einem Reglement kommt, wie erwähnt, in diesem Zusammenhang, über ihren typischen Inhalt hinaus, vor allem die Bedeutung zu, die Erfüllung obligatorischer Abreden im Basisvertrag durch die stärkere statutarische bzw. reglementarische Verbindlichkeit zu "sichern" und zu perpetuieren. Nachteile können dabei allerdings unter Umständen die erschwerte Abänderbarkeit oder eine allfällige Offenlegung gegenüber dem Handelsregister sein. Die Zulässigkeit der statutarischen Abstützung grundvertraglicher Abreden richtet sich in aller Regel nach den Vorschriften des lokalen Gesellschafts-/Aktienrechts am Sitz der Gesellschaft.

---

[56] Die meisten internationalen Schiedsordnungen (z.B. IHK, ICSID, UNCITRAL), aber auch die Bestimmungen über die internationale Schiedsgerichtsbarkeit im schweizerischen IPR-Gesetz, lassen Billigkeitsentscheidungen ausdrücklich zu.

c. Im Vordergrund stehen dabei – geht man von der Annahme aus, schweizerisches Aktienrecht sei anwendbar – etwa:
- statutarische Quorumsvorschriften für die Generalversammlung (qualifiziertes Mehr für bestimmte Beschlüsse)
- Sperrminoritäten oder Vetorechte eines minoritären Partners
- statutarische Kompetenzerweiterungen der Generalversammlung, indem ihr zum Beispiel bestimmte Geschäftsführungsaufgaben zugewiesen werden[57]
- Festlegung des Verwaltungsratsproporzes gemäss Art. 708 Abs. 5 OR (unabhängig von den Beteiligungsverhältnissen) sowie Quorumsvorschriften und sonstige Regeln für Verwaltungsratsbeschlüsse
- Vinkulierungsvorschriften und sonstige gesetzlich zulässige Übertragungsbeschränkungen
- statutarisch verankertes Recht des minoritären Partners, die Auflösung der Joint Venture-Gesellschaft zu verlangen[58].

---

[57] Die Zulässigkeit solcher Kompetenzerweiterungen der Generalvesammlung ist – nicht zuletzt unter dem Gesichtspunkt der neuen Bestimmungen von Art. 716a und 716b OR – allerdings umstritten; vgl. dazu insbesondere FORSTMOSER, *Organisation und Organisationsreglement nach neuem Aktienrecht*, 21; vgl. dazu auch OERTLE (FN 7), 72 f. mit weiteren Verweisen; vgl. zudem ZIHLMANN (FN 7), 320 f., welcher – allerdings unter altem Aktienrecht – eine solche statutarische Kompetenzerweiterung der Generalversammlung offensichtlich für möglich hält.

[58] Die Zulässigkeit einer solchen Verankerung ist ebenfalls nicht ohne weiteres klar. Sie wird von ZIHLMANN (FN 7), 323, allerdings bejaht. Er verweist darauf, dass Art. 736 Ziff.1 OR statutarische Auflösungsgründe ausdrücklich zulässt.

IV. Beendigung/Auflösungsphase

1. Abreden über die Dauer der Joint Venture-Verbindung

a. Wie bei Aktionärbindungsverträgen und ähnlichen Langzeitverträgen allgemein besteht auch bei Joint Venture-Verbindungen ein besonderes Bedürfnis nach zeitlichem Bestand des Vereinbarten. Körperschafts- und grundvertragliche Ordnungen sollen – dies entspricht der Struktur einer Joint Venture-Verbindung – nicht auseinanderfallen[59]. Dem Einheitsgedanken soll Rechnung getragen werden. Allgemein stellt sich die Frage, welche vertraglichen Möglichkeiten den Partnern offenstehen, die Dauer des Kooperationsvertrages festzulegen. Vor allem bei Joint Venture, welche in besonderer Weise durch diese Interdependenz von Basisverhältnis und Trägergesellschaft geprägt sind, besteht ein eminentes Bedürfnis, "die Dauer der äusseren wie der inneren Ordnung aufeinander abzustimmen"[60]. Ob sich daraus ein allgemeines Prinzip herleiten lässt, ist bislang ungeklärt. Ein internationales Schiedsgericht jedenfalls hat m.E. entsprechende Abreden (für die Dauer des Bestandes der Joint Venture-Gesellschaft oder für die Dauer der Aktionärseigenschaft) grundsätzlich zu beachten, sofern ausserordentliche Beendigungsmöglichkeiten (etwa Auflösung aus wichtigem Grund) gewahrt bleiben. Ein ordentliches Gericht hingegen hat die in der anwendbaren Rechtsordnung enthaltenen Regeln über die Möglichkeiten der vertraglichen Festlegung der Dauer zu beachten.

b. Wirft man einen Blick auf das schweizerische Recht, dann können Verträge auf "ewige Zeiten" weder abgeschlossen noch aufrechterhalten werden[61]. Das Bundesgericht hat in einem praxisändernden Entscheid[62]

---

[59] Vgl. dazu FORSTMOSER (FN 57), 369 ff.
[60] FORSTMOSER (FN 57), 369.
[61] Vgl. etwa BGE 113 II 209 ff., 102 II 249, 100 II 349; FORSTMOSER (FN 57), 370.
[62] BGE 106 II 226 ff.

festgehalten, dass Art. 546 Abs. 1 OR, wonach eine auf Lebenszeit eines Gesellschafters abgeschlossene einfache Gesellschaft auf sechs Monate gekündigt werden kann, *dispositiver* Natur ist[63]. Dies bedeutet, dass ordentliche Kündigungsmöglichkeiten vertraglich für die Lebensdauer eines Gesellschafters ausgeschlossen werden können und nur noch ausserordentliche Beendigungsgründe wie etwa die Auflösung aus wichtigem Grund offenstehen. Allerdings nimmt das Bundesgericht in seinem Entscheid lediglich Bezug auf die Lebenszeit einer natürlichen Person. Die Frage, ob eine einfache Gesellschaft auch auf "Lebenszeit" eines Gesellschafters mit juristischer Persönlichkeit abgeschlossen werden kann, wird in der Literatur teilweise zwar bejaht[64], ist hingegen mit FORSTMOSER[65] grundsätzlich zu verneinen. Der Tod einer natürlichen Person steht, im Gegensatz zur Liquidation einer juristischen Person, in absehbarer Zeit fest. Dies bedeutet für Joint Venture zunächst, dass ein Joint Venture-Vertrag, welcher dem schweizerischen Recht untersteht, weder auf "Lebenszeit" eines Partnerunternehmens noch für die Dauer des Bestehens der Joint Venture-Gesellschaft abgeschlossen werden kann, *wenn nicht gleichzeitig bestimmte ordentliche Kündigungsmöglichkeiten vorgesehen sind*. Dem Entscheid des Bundesgerichts ist hingegen allgemein zu entnehmen, dass (einfache) Gesellschaftsverträge – auch wenn juristische Personen Gesellschafter sind – die Möglichkeit einer ordentlichen Kündigung generell für einen sehr langen Zeitrahmen, welcher unter Umständen mehrere Jahrzehnte umfasst, ausschliessen können. Dies muss insbesondere dann gelten, wenn nur die Kombination von vertraglicher Bindung und Korporation (Joint Venture-Gesellschaft) "ein sinnvolles Ganzes ergibt"[66]. Zulässig sollte ausserdem sein, die Dauer der grundvertraglichen Bindung auf die Dauer der Aktionärseigenschaft in der Joint Venture-Gesellschaft, die ihrerseits wiederum auf unbestimmte Zeit bestehen kann, zu beschränken. Dies muss insbesondere dann gelten, wenn Veräusserungsmöglichkeiten (insbesondere

---

[63] In diesem Sinn schon JÄGGI, *Von der Gesellschaft auf Lebenszeit*, 213 ff.

[64] Vgl. WOLF, *Rechtliche Bindung auf "ewige" Zeiten bei der AG*, 11 und 68.

[65] Vgl. FORSTMOSER (FN 57), 369.

[66] FORSTMOSER (FN 57), 369.

Put-Call-Optionen) im Basisvertrag ausdrücklich genannt und nicht übermässig erschwert sind[67].

c. Enthält der Joint Venture-Vertrag *keine Regeln über die Dauer*, stellt sich – wie OERTLE[68] zu Recht vermerkt – die Frage, ob der Richter eine im anwendbaren Sachrecht enthaltene dispositive, kurze Kündigungsfrist (vgl. etwa Art. 546 Abs. 1 OR, wo eine sechsmonatige Kündigungsfrist gewährt wird) "missachten" und nach Massgabe des hypothetischen Parteiwillens eine dem konkreten Verhältnis angemessene Regel (Kündigungsfrist) zu treffen hat[69]. Kriterien einer solchen richterlichen Festsetzung der (Mindest-)Dauer des Joint Venture-Vertrages könnten etwa sein: die Intensität der partnerschaftlichen Bindung, die im Joint Venture-Vertrag enthaltenen Regeln bezüglich Übertragbarkeit der Anteile an der Joint Venture-Gesellschaft, der Zweck und die Zielsetzung der Joint Venture-Verbindung sowie die Dauer einer geordneten Auseinandersetzung der Partner[70]. Die Befugnis des Richters zur Abweichung vom dispositiven Gesetzesrecht bei der ergänzenden Festlegung einer nicht grundvertraglich vereinbarten Kündigungsfrist liesse sich im übrigen auch aus dem Umstand herleiten, dass der Joint Venture-Vertrag als Innominatvertrag, welcher freilich auch Merkmale einer einfachen Gesellschaft aufweist, zu qualifizieren ist (vgl. dazu im einzelnen unten V). Dogmatisch fiele ein solches Vorgehen des Richters wohl in den Bereich der richterlichen Vertragsanpassung bzw. Rechtssetzung.

---

[67] Zur Problematik der Dauer vgl. auch BÖCKLI (FN 25), 479; zur vertraglichen und nicht vertraglich geregelten Dauer vgl. OERTLE (FN 7), 176 ff.
[68] Vgl. OERTLE (FN 7), 181 f.
[69] Vgl. dazu auch BGE 107 II 144 ff., 111 II 260 ff.
[70] Vgl. dazu OERTLE (FN 7), 182.

2. Vertragliche Beendigungsmechanismen

a) Beendigung mit und ohne Liquidation der Joint Venture-Gesellschaft

Es kann als Regelfall angesehen werden, dass nach Massgabe grundvertraglicher Regeln ein Partner die Anteile des andern übernimmt und das Projekt alleine weiterführt oder dass sämtliche Anteile an einen neuen Partner weiterveräussert werden. In diesem Fall wird die Joint Venture-Gesellschaft selbstverständlich nicht oder allenfalls nur teilweise liquidiert. Die vom ausscheidenden Partner eingebrachten Güter und Rechte verbleiben meist in der Joint Venture-Gesellschaft und sind im Übernahmepreis berücksichtigt.

Denkbar ist aber auch, dass – etwa wegen der Unerreichbarkeit des Zwecks oder wegen Nichtwirtschaftlichkeit des Projekts – die Liquidation der Joint Venture-Gesellschaft und auch des aufgrund des Joint Venture-Vertrages entstandenen Partnerschaftsverhältnisses unter den Parteien notwendig wird. In solchen Fällen gilt es insbesondere, im Grundvertrag zu regeln, in welcher Weise die Vermögenswerte im Rahmen der Liquidation unter den Parteien verteilt werden. Empfehlenswert sind in diesem Fall Vertragsklauseln, welche etwa festhalten, dass die Joint Venture-Partner die von ihnen in die Joint Venture-Gesellschaft eingebrachten Vermögenswerte in natura zurückfordern können (Rückkaufsrecht)[71].

b) Insbesondere: Buy/Sell-Arrangements

1. Häufig, insbesondere für den Fall, dass die Projektgesellschaft nicht liquidiert werden soll, sieht der Joint Venture-Vertrag sogenannte *"Buy/Sell-Arrangements"* vor, welche für bestimmte Situationen Kaufs- oder Verkaufsoptionen der Partner vorsehen[72].

---

[71] Vgl. dazu OERTLE (FN 7), 196 f.

[72] Vgl. dazu insbesondere LANGEFELD-WIRTH (FN 7), 156 ff.

2. Als *Optionsfälle* sind etwa zu nennen: ordentliche Kündigung des Joint Venture-Vertrages nach Ablauf der Mindestvertragsdauer oder ausserordentliche Beendigungssituationen wie zum Beispiel Konkurs eines Partners, Erbfolge, Zwangsvollstreckung in die Beteiligung, krasse Vertragsverstösse oder unüberbrückbare Meinungsverschiedenheiten zwischen den Partnern in zentralen Fragen der Unternehmensstrategie. Dabei kann vorgesehen werden, dass die Kaufs-/Verkaufsoption in bestimmten Situationen (z.B. Konkurs eines Partners oder dessen Fusion mit einem Konkurrenten des Optionsberechtigten) automatisch entsteht, in anderen Situationen von einer gegebenen Kündigungsmöglichkeit Gebrauch gemacht werden muss[73]. Ausserordentliche Beendigungsgründe können zudem mit einem sofortigen Kündigungsrecht oder auch einer ausserordentlichen Kündigungsfrist verknüpft werden.

Allgemein ist zu empfehlen, im Joint Venture-Vertrag Beendigungsmechanismen vorzusehen, die eine möglichst rasche Beendigung der Zusammenarbeit ermöglichen und eine Beendigung nicht erst nach einem jahrelangen Prozess, bei welchem ein Gericht etwa die Frage eines schweren Vertragsverstosses zu klären hat, erfolgen kann. Einer dieser rasch wirkenden Beendigungsmechanismen ist, jedem Partner ein (ordentliches) Kündigungsrecht nach Ablauf einer bestimmten Mindestvertragsdauer einzuräumen, welches ohne weitere Begründung ausgeübt werden kann und nicht vom Vorliegen bestimmter schwer handhabbarer Umstände abhängt. Wollen die Partner dennoch ausserordentliche Beendigungsgründe – wie etwa "vertrauensentziehender Vertragsverstoss" – im Joint Venture-Vertrag festhalten und mit dem Entstehen eines Optionsfalls verknüpfen, empfiehlt es sich auch hier für den Fall von Uneinigkeit zwischen den Partnern über das Vorliegen dieses Grundes, ein Schiedsgutachterverfahren, verknüpft mit einem engen zeitlichen Rahmen, vorzusehen.

3. Häufig sehen "Buy/Sell-Arrangements" vor, dass im Falle der Kündigung durch den einen Partner, der andere Partner die Option hat, die Anteile des kündigenden Partners zu übernehmen und das Projekt alleine bzw.

---

[73] Vgl. zu den ein Optionsrecht auslösenden Situationen allgemein die differenzierte Darstellung bei LANGEFELD-WIRTH (FN 7), 156 ff.

mit einem neuen Partner weiterzuführen; bei fehlendem Übernahmeinteresse aller Partner wird liquidiert. Es kann auch vorgesehen werden, dass dem Kündigenden selbst, etwa im Falle einer Vertragsverletzung durch den andern Partner, die Optionsrechte zustehen.

4. Die Spielarten der "Buy/Sell-Arrangements" sind vielschichtig und zahlreich. Beliebt sind etwa sogenannte "*Puts and Calls*", bei welchen dem jeweils Berechtigten ein resolutiv bedingtes Recht zugesprochen wird, entweder die Anteile des andern Partners an der Joint Venture-Gesellschaft zu übernehmen oder die eigenen Anteile demselben zu verkaufen[74].

Auf diesem Grundprinzip basiert auch die mit "*Russisches Roulette*" oder "*Shotgun-Clause*" umschriebene Methode, bei welcher der die Beendigung einleitende Partner der anderen Partei ein konkretes Angebot für die Übernahme von dessen Aktien/Anteilen unterbreitet. Die andere(n) Partei(en) hat (haben) dann die Option, die Aktien zu diesem Preis zu verkaufen oder aber selbst die Aktien/Anteile des kündigenden Vertragspartners zu diesem Preis zu kaufen. Damit wird in aller Regel ein fairer Mechanismus der Preisbestimmung gewährleistet, da der kündigende Partner, der nun Käufer oder Verkäufer ist, aufgrund dieser Unsicherheit gezwungen ist, einen realistischen Preisansatz zu wählen. Der Nachteil dieser Methode ist, dass beide Parteien in gleicher Weise Zugang zu Kapital haben müssen, um auf einer ähnlichen Basis am "Russischen Roulette" zu partizipieren. Diese Klausel ist im übrigen – wie LANGEFELD-WIRTH zu Recht bemerkt – nur dann sinnvoll, wenn beide Parteien Interesse an der Übernahme der Aktien haben und das Unternehmen allein oder mit einem anderen Partner fortführen könnten[75].

Beispiel einer solchen Russischen Roulette-Klausel wäre:
> "Im Falle einer Kündigung hat die kündigende Vertragspartei in ihrer Kündigung einen Preis für die Aktien der AG zu nennen.

---

[74] Vgl. dazu auch OERTLE (FN 7), 78 ff. Solche "Puts and Calls" werden insbesondere als letzter Ausweg zur Überwindung von Patt-Situationen gewählt.

[75] Vgl. dazu auch LANGEFELD-WIRTH (FN 7), 157 f., welcher einige Klauselbeispiele nennt.

> Innerhalb von 60 Tagen nach Erhalt der Kündigung hat die andere Partei die Option, entweder zu dem vorgenannten in der Kündigung enthaltenen Preis die Aktien der kündigenden Partei zu kaufen oder der kündigenden Partei ihre eigenen Aktien zu demselben Preis zu verkaufen. Erklärt sich die andere Partei nicht innerhalb von 60 Tagen, so hat die kündigende Partei innerhalb weiterer 30 Tage das Wahlrecht, die Aktien der anderen Partei zu dem vorgenannten Preis aufzukaufen oder der anderen Partei die eigenen Aktien zu verkaufen."[76]

Eine Abart des Russischen Roulettes besteht darin, dass die kündigende Partei den Preis (fair market value of the Joint Venture) extern, etwa von einer unabhängigen Treuhandgesellschaft, bestimmen lässt und vereinbart, zu diesem Preis zu verkaufen oder zu kaufen[77].

5. Eine andere Methode besteht in der Durchführung eines *Versteigerungsverfahrens* durch die Parteien selbst, wobei zunächst jede Partei der anderen Partei ein Kaufangebot unterbreitet; die jeweils andere Partei kann das Angebot akzeptieren oder ein höheres Kaufangebot unterbreiten. Dieser Vorgang wiederholt sich, bis eine Partei an die andere verkauft.

VON DER CRONE weist hier m.E. mit Recht darauf hin, dass unter den verschiedenen Versteigerungsverfahren einem solchen über mehrere Runden mit offenen Geboten der Vorzug zu geben ist[78].

6. "Buy/Sell-Arrangements" zwischen den Parteien haben immer auch im Lichte anderer signifikanter Faktoren wie etwa Steuerfragen (Steuerkonsequenzen aufgrund der gewählten Beendigungsmethode), Fragen behördlicher Genehmigung des Verkaufs, Haftungs- und Verantwortlich-

---

[76] Beispiel bei LANGEFELD-WIRTH (FN 7), 190.
[77] Vgl. dazu VON DER CRONE (FN 28), 42 f.
[78] Vgl. VON DER CRONE (FN 28), 43 f. Er erwähnt zudem die Möglichkeit, dass beide Parteien ein versiegeltes Angebot für jeweils 50 Prozent der Aktien abgeben und die Partei, welche das höhere Angebot macht, das Paket der Gegenseite übernehmen darf oder muss. Vgl. zudem CLOPATH, *Wie können Patt-Situationen bei Zweimann-Gesellschaften behoben werden?*, 157, welcher die Modalitäten eines mehrrundigen Versteigerungsverfahrens detailliert darlegt.

keitsfragen (Fortbestand der Haftung des Verkäufers für bestehende Verbindlichkeiten und Berücksichtigung dieser Verbindlichkeiten im Rahmen des Kaufpreises), Wettbewerbsfragen (z.B. Verbot für die verkaufende Partei, inskünftig im selben Geschäftsbereich wie die Joint Venture-Gesellschaft tätig zu sein) zu erfolgen.

7. "Buy/Sell-Arrangements" haben zudem nur dann Sinn, wenn im Rahmen solcher Beendigungsregeln nicht nur die finanzielle Seite, sondern auch das *Schicksal der Durchführungsverträge*, etwa der Know-how- oder Patent-Lizenzverträge, mit dem ausscheidenden Partner geregelt wird. Grundvertraglich ist dabei insbesondere zu bestimmen, ob solche flankierenden Verhältnisse durch die Auflösung des Joint Venture-Verhältnisses automatisch ebenfalls beendet werden (bzw. ob sie kündbar sind) oder ob sie – was häufig das Übernahmeinteresse eines Partners mitentscheidend prägt – bewusst (u.U. für eine bestimmte Zeit) fortgeführt werden sollen[79]. Gleichzeitig ist sicherzustellen, dass in den Durchführungsverträgen entsprechende Gegenklauseln enthalten sind, damit keine Widersprüchlichkeiten entstehen.

8. Eine der schwierigsten Fragen im Bereich solcher Arrangements ist diejenige der *Bewertung* der zu übertragenden Anteile. Empfehlenswert ist, die Kriterien der Wertbemessung so präzis als möglich in den Joint Venture-Vertrag aufzunehmen, indem etwa festgehalten wird, ob vom Buchwert oder vom Börsenwert auszugehen ist oder ob der Wert von einem unabhängigen Dritten nach billigem Ermessen einzuschätzen ist. Dabei ist wiederum ratsam, einem solchen Dritten eine bestimmte Bewertungsmethode vorzuschreiben. Wichtig ist auch, die Methode für die Wertbemessung immaterieller Güter festzulegen[80]. In diesem Bereich lässt sich etwa vereinbaren, dass das Anschaffungskostenprinzip keine Anwendung finden soll.

---

[79] Vgl. dazu auch LANGEFELD-WIRTH (FN 7), 158.

[80] Vgl. dazu insbesondere LANGEFELD-WIRTH (FN 7), 160, welcher auf verschiedene betriebswirtschaftliche Bewertungskonzepte hinweist.

Schwierigkeiten kann im Rahmen der Auflösung auch die Frage bereiten, was mit Weiterentwicklungen während der Dauer der Joint Venture-Verbindung geschehen soll.

c) Absicherung bestimmter Interessen während der Betriebsphase durch Buy/Sell-Arrangements

Es besteht die Möglichkeit, die *Beachtlichkeit von Stimmbindungspflichten mit "Buy/Sell-Arrangements" abzusichern.* So lassen sich bestimmte Fälle aufführen, in denen der stimmbindungswidrig handelnde Partner zur Übernahme der Anteile des verletzten Partners zu einem nach einer bestimmten Methode festgelegten Preis verpflichtet ist.

Auch die Einhaltung der im Joint Venture-Vertrag etwa für die Aufbauphase festgelegten Zeitachse lässt sich durch "Buy/Sell-Arrangements" wenigstens bis zu einem gewissen Grad absichern. Eine besondere Bedeutung sollte dabei der rechtzeitigen Erfüllung bestimmter Durchführungsverträge (Lizenzübertragung, Bereitstellen von Produktionsanlagen, Einholen behördlicher Bewilligungen) beigemessen werden.

"Buy/Sell-Arrangements" können ausserdem für den Fall von Vertragsverstössen einzelner Partner vereinbart werden[81].

3. Ausservertragliche Beendigung

Ein zwingend vorgeschriebenes Prinzip, welches wohl auch zum Kreis der "general principles of law as recognized by civilized nations" gerechnet werden kann, ist das jedem Partner zustehende Recht, die Joint Venture-Verbindung aus *wichtigen Gründen* vorzeitig (sofort) zu beenden, wobei

---

[81] Vgl. dazu im einzelnen LANGEFELD-WIRTH (FN 7), 160 ff., welcher weitere Beispiele solcher Sonderfälle von "Buy/Sell-Arrangements" nennt, wie etwa die Absicherung politischer Risiken im Gastland oder die Verstärkung der Position von Minderheitsaktionären.

allenfalls erst ein entsprechendes richterliches Urteil (vgl. etwa Art. 545 Abs. 1 Ziff. 7 OR) die Auflösung der Grundvereinbarung bewirkt (ex nunc). Allerdings kann auch hier grundvertraglich vorgesehen werden, dass bei Vorliegen eines wichtigen Grundes eine bestimmte Kündigungsfrist zu beachten ist[82].

Ob ein wichtiger Grund vorliegt, kann letztlich nur anhand der konkreten Umstände des Einzelfalls bemessen werden. Beurteilungskriterien sind allgemein etwa eine "wesentliche Änderung der persönlichen oder sachlichen Voraussetzungen, unter denen die Grundvereinbarung eingegangen wurde"[83] (z.B. Übernahme eines Partners durch einen direkten Konkurrenten des andern Partners oder protektionistische Massnahmen des Gaststaates), oder auch Umstände, wie etwa eine schwere Vertragsverletzung durch einen Partner, die das Aufrechterhalten des Joint Venture-Verhältnisses für den andern Partner als unzumutbar erscheinen lassen. OERTLE nennt als weiteres Beurteilungskriterium die "Gefährdung oder Erschwerung der Erreichung des Vertragszwecks"[84]. Denkbar sind auch unüberwindbare Meinungsverschiedenheiten unter den Partnern, die Finanznot oder der Konkurs eines Partners oder die Änderung der Beteiligungsverhältnisse. Auch in diesem Zusammenhang empfiehlt es sich, die ausserordentlichen Beendigungsgründe im einzelnen (wenn auch nicht abschliessend) im Vertrag zu bezeichnen und mit Beispielen zu "garnieren".

---

[82] Vgl. OERTLE (FN 7), 185 ff.

[83] OERTLE (FN 7), 186.

[84] OERTLE (FN 7), 186.

V. Exkurs: Materiellrechtliche Qualifikation des Grundverhältnisses

1. Die Frage, wie der Joint Venture-Vertrag materiellrechtlich zu qualifizieren ist, ist nicht bloss akademischer Natur; sie ist im übrigen stark umstritten. Ein Teil qualifiziert – stellt man auf das schweizerische Recht ab – den Basisvertrag pauschal als einen einfachen Gesellschaftsvertrag und das Basisverhältnis somit als reine einfache Gesellschaft gemäss Art. 530 ff. OR[85].

2. Hingegen qualifiziert eine Minderheit den Joint Venture-Vertrag – m.E. zu Recht – als Innominatvertrag[86], welcher sowohl gesellschaftsvertragliche wie auch synallagmatische[87] Elemente in sich vereint und somit gemischtvertragliche Züge aufweist[88]. Es ist zwar richtig, dass dem kooperativen Element des Grundvertrages, welches alle Voraussetzungen eines (einfachen) Gesellschaftsvertrages erfüllt, ein gewisses Übergewicht zukommt und letztlich das gesamte Vertragswerk mit Blick auf den gemeinsamen Zweck errichtet wird. Der Meinung – etwa von OERTLE[89] –, wonach das schuldrechtliche (synallagmatische) Moment im Vergleich zum gesellschaftsrechtlichen zu schwach sei, was dazu führe, dass der die Durchführungsverträge umschliessende Joint Venture-Vertrag gesamthaft als Gesellschaftsvertrag (einfache Gesellschaft) zu qualifizieren sei, vermag sich der Verfasser dieser Ausführungen nicht anzuschliessen. Insbesondere darf m.E. nicht ausser acht gelassen werden, dass die Zweckerreichung letztlich im Rahmen komplex gelagerter synallagmatischer Abreden erfolgt. Oft steht dabei – wie erwähnt – der

---

[85] Vgl. VON STEIGER (FN 35), 353; ZIHLMANN (FN 7), 318; OERTLE (FN 7), 101 ff.; für das deutsche Recht vgl. auch EBENROTH (FN 11), 266.
[86] Vertrag, der weder im besonderen Teil des Obligationenrechts noch in irgendeinem Spezialgesetz geregelt ist und somit keinem gesetzlichen Typus entspricht.
[87] Die beidseitig zu erbringenden Leistungen stehen in einem Austauschverhältnis wie z.B. bei Kauf, Miete, Arbeits- und Werkvertrag.
[88] Vgl. auch REYMOND (FN 2), 386.
[89] OERTLE (FN 7), 109.

Transfer von Know-how oder die Erteilung einer Lizenz an die Joint Venture-Gesellschaft im Vordergrund. Dies führt zu einer für Joint Venture typischen besonderen Verknüpfung zwischen der rechtlich selbständigen Projektgesellschaft, der grundvertraglichen Bindung und den meist schuldvertraglich gelagerten Durchführungsverträgen. Der Basisvertrag ist in diesem Sinn nicht nur Einigung über die Zusammenarbeit und die dafür übliche gesellschaftsrechtliche Organisation, sondern gleichzeitig Einigung über die "*konzeptionellen Grundlagen einer ganzen Unternehmensstrategie*"[90]. Aus dieser Sicht gewinnen insbesondere die Durchführungsverträge eine durchaus eigenständige (nicht nur untergeordnete) typologische Bedeutung für das Joint Venture-Gebilde (vor allem auch für den Joint Venture-Vertrag). REYMOND führt denn auch aus: "L'existence de ces accords satellites et l'élément distinctif de la joint venture par rapport à la simple filiale commune."[91] Die mit ihnen verbundenen Pflichten gehen über allfällige gesellschaftsvertragliche Nebenleistungspflichten hinaus, zumal sie meist zwischen einem Partnerunternehmen und der Joint Venture-Gesellschaft zustandekommen. Sie sind Teil des gesamten zweistufigen Konzepts. Ihre Grundlage liegt zwar in der gesellschaftsrechtlichen Bindung, ihre Abwicklung weist hingegen individualrechtliche (schuldvertragliche) Züge auf, welchen gegenüber der Mitgliedschaft "eine gewisse Selbständigkeit zukommt"[92].

3. Die Frage, ob lediglich ein einfacher Gesellschaftsvertrag oder ein Innominatvertrag vorliegt, ist mit Blick auf die Rechtsfolgen, etwa hinsichtlich Erfüllungsstörungen oder hinsichtlich Dauer und Beendigung der Vereinbarung, wesentlich[93]. So ist es m.E. denkbar, dass gewisse Einreden, welche grundsätzlich lediglich bei synallagmatischen Verträgen

---

[90] SCHLUEP (FN 2), 396.

[91] REYMOND (FN 2), 390.

[92] VON STEIGER, *Zürcher Kommentar zu Art. 777 OR*, N. 25. Dies hat materiellrechtlich grundsätzlich zur Folge, dass Entstehung, Änderung und Aufhebung der Durchführungsverträge sich nach gesellschaftsrechtlichen Normen beurteilen, während die Frage der Erfüllung bzw. Erfüllbarkeit oder diejenige der Anfechtung wegen Willensmängeln Sache des Schuldvertragsrechts ist.

[93] Vgl. auch OERTLE (FN 7), 101 ff.

möglich sind, wie etwa die Einrede des nichterfüllten Vertrages (Art. 82 OR) oder das Leistungsverweigerungsrecht gemäss Art. 83 OR oder auch die Rechtsfolgen bei unverschuldeter Unmöglichkeit (Art. 119 Abs. 2 OR), unter Beachtung der konkreten Umstände, einem Joint Venture-Partner gegenüber dem andern zustehen bzw. gar zu einer Auflösung aus wichtigem Grund führen können. Weigert sich etwa der Partner A, bestimmte Durchführungsverträge mit der Joint Venture-Gesellschaft abzuschliessen, obwohl ihn der Grundvertrag dazu verpflichtete, so steht m.E. dem Partner B seinerseits das Recht zu, unter Berufung auf die Einrede des nichterfüllten Vertrages mit dem Abschluss der ihm obliegenden Durchführungsverträge zuzuwarten.

Literatur (auch Hinweise auf nicht im Aufsatz zitierte Literatur)

BAPTISTA, LUIZ O./DURAND-BARTHES, PASCAL, *Les associations d'entreprise (Joint-Ventures) dans le commerce international*, Paris 1986.

BEIER, FRIEDRICH-KARL, *Gewerbliche Schutzrechte in Gemeinschaftsunternehmen (Joint Ventures) nach sowjetischem Recht*, in: RIW 34 (1988) S. 166 ff.

BÖCKLI, PETER, *Aktionärbindungsverträge, Vinkulierung und statutarische Vorkaufsrechte unter neuem Aktienrecht*, in: ZBJV 1993, S. 475 ff.

BUCHER, EUGEN, *Schweizerisches Obligationenrecht*, Allgemeiner Teil, 2. Aufl., Zürich 1988.

CLOPATH, GION, *Wie können Patt-Situationen bei Zweimann-Gesellschaften behoben werden?*, in: SJZ 89 (1993), S. 157.

VON DER CRONE, HANS CASPAR, *Lösung von Patt-Situationen bei Zweimann-Gesellschaften*, in: SJZ 89 (1993), S. 37 ff.

EBENROTH, CARSTEN THOMAS, *Code of Conduct – Ansätze zur vertraglichen Gestaltung internationaler Investitionen*, Konstanz 1987.

EBENROTH, CARSTEN THOMAS, *Das Verhältnis zwischen Joint Venture-Vertrag, Gesellschaftssatzung und Investitionsvertrag*, in: JZ (deutsche) 1987, S. 265 ff.

EHINGER, KRISTIAN, *Vertragsrahmen des industriellen internationalen Equity Joint Venture*, in: Der komplexe Langzeitvertrag. Strukturen und Internationale Schiedsgerichtsbarkeit, Heidelberger Kolloquium Technologie und Recht 1986, Heidelberg 1987, S. 187 ff.

FORSTMOSER, PETER, *Organisation und Organisationsreglement nach neuem Aktienrecht*, Zürich 1992.

FORSTMOSER, PETER, *Aktionärbindungsverträge*, in: Festgabe für W. Schluep, Zürich 1988, S. 359 ff.

GROSSFELD, BERNHARD, *Internationales Unternehmensrecht. Das Organisationsrecht transnationaler Unternehmen*, Heidelberg 1986.

HALL, R. DUANE, *The International Joint Venture*, New York u.a. 1984.

HORN, NORBERT, *Die Anpassung langfristiger Verträge im internationalen Wirtschaftsverkehr*, in: HORN/ FONTAINE/MASKOW/SCHMITTHOFF, *Die Anpassung langfristiger Verträge. Vertragsklauseln und Schiedspraxis*, Frankfurt am Main 1984, S. 9 ff.

HUBER, LUCIUS, *Das Joint Venture im internationalen Privatrecht*, Basel 1992.
JÄGGI, PETER, *Von der Gesellschaft auf Lebenszeit*, in: Privatrecht und Staat, Gesammelte Aufsätze, Zürich 1976, S. 213 ff.
JÄGGI, PETER/GAUCH, PETER, *Zürcher Kommentar*, Bd. V, Obligationenrecht, Teilb. 1b, zu Art. 18 OR, Zürich 1980.
KRAMER, ERNST A., *Berner Kommentar*, Bd. VI, Obligationenrecht, I. Abt., 1. Teilb. Allgemeine Einleitung und Kommentar zu Art. 1-18 OR, Bern 1986.
LANGEFELD-WIRTH, KLAUS, *Joint-Ventures im internationalen Wirtschaftsverkehr*, Heidelberg 1990.
LANGEFELD-WIRTH, KLAUS, *Rechtsfragen des internationalen Gemeinschaftsunternehmens – Joint Venture*, in: RIW 1990, S. 1 ff.
LARENZ, KARL, *Schuldrecht*, Bd. I, Allgemeiner Teil, 14. Aufl., München 1987.
MENGIARDI, PEIDER, *Statutarische Auflösungsgründe im Recht der Aktien gesellschaft*, in: Festgabe W. Bürgi, Zürich 1971, S. 265 ff.
MESTMÄCKER, ERNST-JOACHIM/BLAISE, JEAN-BERNARD/DONALDSON, DAVID T., *Gemeinschaftsunternehmen (Joint venture - Filiale commune) im Konzern- und Kartellrecht*. Verhandlungen der Fachgruppe für Vergleichendes Handels- und Wirtschaftsrecht anlässlich der Tagung für Rechtsvergleichung in Münster i.W. vom 14. bis 17. September 1977, Frankfurt am Main 1979.
NICKLISCH, FRITZ, *Instrumente der internationalen Handelsschiedsgerichtsbarkeit zur Konfliktregelung bei Langzeitverträgen*, in: RIW 1978, S. 633 f.
NICKLISCH, FRITZ, *Vorteile einer Dogmatik für komplexe Langzeitverträge*, in: Der komplexe Langzeitvertrag. Strukturen und Internationale Schiedsgerichtsbarkeit, Heidelberger Kolloquium Technologie und Recht 1986, Heidelberg 1987, S. 17 ff.
OERTLE, MATTHIAS, *Das Gemeinschaftsunternehmen (Joint Venture) im schweizerischen Recht*, Zürich 1990.
PETER, WOLFGANG, *Arbitration and Renegotiation of International Investment Agreements*, Dordrecht/Bosten/Lancaster 1986.
REITHMANN, CHRISTOPH/MARTINY, DIETER, *Internationales Vertragsrecht*, 4. Aufl., Köln 1988.

REYMOND, CLAUDE, *Le contrat de "Joint-Venture"*, in: Festgabe für W. Schluep, Zürich 1988, S. 383 ff.

SCHANZE, ERICH, *Investitionsverträge im internationalen Wirtschaftsrecht*, Frankfurt am Main 1986.

SCHLUEP, WALTER, *Privatrechtliche Probleme der Unternehmenskonzentration und -kooperation*, Referat zum Schweizerischen Juristentag vom 8./9. September 1973, in: ZSR NF 92 (1973) 2. Halbband, S. 155 ff.

VON STEIGER, WERNER, *Gesellschaftsrecht*, Allgemeiner Teil und Personengesellschaften, in: Schweizerisches Privatrecht, Bd. VIII/1, Basel 1976, S. 211 ff.

VON STEIGER, WERNER, *Zürcher Kommentar zum schweizerischen Zivilgesetzbuch*, 5. Teil, Art. 772-827 OR, Die GmbH, Zürich 1965.

TSCHÄNI, RUDOLF, *Gesellschafts- und kartellrechtliche Probleme der Gemeinschaftsunternehmen (Joint Ventures)*, in: SAG 49 (1977), S. 88 ff.

VISCHER, FRANK, *Die Wandlung des Gesellschaftsrechts zu einem Unternehmensrecht und die Konsequenzen für das internationale Privatrecht*, in: Festschrift F.A. Mann, München 1977, S. 639 ff.

WOLF, ELIAS, *Rechtliche Bindung auf "ewige" Zeiten bei der Aktiengesellschaft*, in: SAG 9 (1936/1937), S. 9 ff.

ZIHLMANN, PETER, *Gemeinschaftsunternehmen (Joint Business Ventures) in der Form von Doppelgesellschaften*, in: SJZ 68 (1972), S. 317 ff.

Die Problematik der Einbringung im Joint Venture

ROLF WATTER

Inhaltsverzeichnis

I.	Einleitung	62
II.	Die Bewertung der Einlagen	63
III.	Parameter für die Einbringung von Werten in ein Joint Venture	64
	1. Sacheinlage- und Sachübernahmevorschriften	64
	a) Allgemeines	64
	b) Überblick über die Sacheinlage- und Sachübernahmevorschriften bei der Aktiengesellschaft	65
	c) Mögliche Gegenstände einer Sacheinlage oder einer Sachübernahme	67
	d) Exkurs: Die Kapitelerhöhung (oder Gründung) durch Verrechnung	68
	e) Zusammenfassung	69
	2. Steuerliche und buchhalterische Überlegungen	69
	a) Allgemeines	69
	b) Folgerungen	71
	3. Uneinbringbarkeit wegen besonderer Rechtsverhältnisse bei den Partnern	72
	4. Öffentlich-rechtliche Schranken	73
IV.	Die Einbringung in das Joint Venture mittels Sacheinlage oder Sachübernahme	73
	1. Allgemeines	73

>   2. Die Einbringung nach Artikel 181 OR   74
>   3. Konsequenzen der Einbringung mittels Sacheinlage
>   oder -übernahme   74
>
> **V. Die Einbringung von Werten mittels Ersatzgeschäften** 75
>   1. Allgemeines   75
>   2. Entschädigung und steuerliche Aspekte   75
>   3. Vertragsdauer   76
>   4. Exklusivität   77
>
> **VI. Ausgleichsmechanismen**   77
>   1. Allgemeines   77
>   2. Ausgleichszahlung   77
>   3. Vorzugsaktien und Partizipationsscheine   78
>
> **VII. Schlussfolgerungen**   79

I. Einleitung

Bei jeder Art von Joint Venture (JV) *bringen die Partner Werte* in das gemeinschaftliche Unternehmen[1] ein, dies in der Hoffnung, dass diese Werte im JV einen höheren Ertrag abwerfen, als sie dies bei den Partnern direkt tun.[2]

---

[1] Eine Einbringung erfolgt sowohl bei gesellschaftlich organisierten JV als auch bei rein (Austausch-)vertraglichen Kooperationen, wenn man bei letzteren auch eher in Kategorien von Leistung und Gegenleistung als in solchen von Investition und Ertrag denkt.

[2] Der Entscheid, in ein JV zu investieren, ist damit identisch mit jedem anderen Investitionsentscheid.

Der *Ertrag* kann beim gesellschaftlich organisierten JV – von dem im folgenden ausschliesslich die Rede sein soll – in verschiedenen Formen an die Partner fliessen, so als *Dividende,* als *Liquidationsüberschuss* oder als *Erlös* aus dem Verkauf der Beteiligung am JV. Daneben können die Partner aber auch durch *günstige Konditionen,* die ihnen das JV allenfalls bietet, profitieren, beispielsweise durch garantierte Abnahmen zu Vorzugspreisen oder durch Forschungs- und Entwicklungsleistungen im JV, der auch den Partnern zugute kommt.

Die ins JV eingebrachten Werte können *verschiedenster Natur* sein und reichen von Anlagegütern, Vorräten, Immaterialgüterrechten bis zu Knowhow, Kundenbeziehungen oder Verträgen mit Dritten.

II. Die Bewertung der Einlagen

Die Partner sind sich in aller Regel einig, dass ihnen *Erträge* aus dem JV *proportional* zu den *Einlagen* zukommen sollen. Im weiteren stehen häufig – aber nicht notwendigerweise[3] – auch die *Mitbestimmungsrechte* in einer Relation zu den eingebrachten Werten. In anderen Fällen streben die Parteien eine *bestimmte Beteiligung* am JV an[4]; auch dann ist der Wert der Einlagen von Bedeutung, da diejenige Partei, die mehr als ihren Anteil einbringt, auf eine Ausgleichszahlung des anderen Partners drängen wird[5].

---

[3] So können etwa Überlegungen des Minderheitenschutzes die Parteien veranlassen, dem kleineren Partner überproportionale Rechte zu gewähren.

[4] Vgl. etwa das Beispiel der ABB, wo offenbar von Anfang an feststand, dass die Beteiligung am JV je 50 Prozent betragen sollte. Vorbestimmte Beteiligungsverhältnisse finden sich auch oft in JV mit Ländern des Ostens oder der Dritten Welt, wo öffentlich-rechtliche Vorschriften die Beteiligung des westlichen Partners begrenzen. Ähnlich kann im Einzelfall auch die Lex Friedrich wirken.

[5] Die Einlage kann die Form einer Barzahlung an das JV haben, kann aber auch in einer Zahlung unter den Partnern bestehen. Vgl. dazu näheres unten, VI.

Der *Bewertung* kommt damit stets eine *zentrale Rolle* zu; sie erfolgt unter den Partnern meist nach dem grundsätzlichen Entschluss, eine Zusammenarbeit näher zu prüfen.

Die *Methoden der Bewertung* sind dabei verschieden und orientieren sich an den Regeln der Unternehmungsbewertung[6]. Vergleichsweise einfach ist die Einigung auf eine Bewertungsmethode dort, wo die Partner ähnliche Gegenstände einbringen[7]; komplex ist die Sachlage, wo die Partner gleichsam Äpfel und Birnen miteinander vergleichen müssen – beispielsweise ein Know-how und Kundenbeziehungen auf der einen und Produktionsanlagen auf der anderen Seite.

Ziel der Parteien bei der Bewertung ihrer Einlagen muss nicht notwendigerweise eine geldmässige Bestimmung der Werte sein – eine Feststellung der *relativen* Werte (A bringt 40 % ein, B 60 %) genügt oft. Anders ist die Situation, wenn zugleich eine Ausgleichszahlung vorzunehmen ist: Diesfalls sind absolute Werte zu eruieren.

III. Parameter für die Einbringung von Werten in ein Joint Venture

1. Sacheinlage- und Sachübernahmevorschriften

a) Allgemeines

Werden Werte in ein JV eingebracht, sieht das Gesetz je nach Gesellschaftsform Regeln vor, die sicherstellen sollen, dass eine *adäquate* (d.h.

---

[6] Vgl. hierzu statt vieler HELBLING, *Unternehmungsbewertung und Steuern*, 7. Aufl., Düsseldorf 1993, 63 ff.

[7] Vgl. etwa das Alcazar Projekt von Swissair, KLM, SAS und AUA. Auch in solchen Konstellationen haben die Parteien aber unterschiedliche Interessen, beispielsweise weil der von der einen Partei einzubringende Betriebsteil ertragreicher aber substanzschwächer ist als derjenige der anderen Seite.

keine zu hohe) *Gegenleistung* des JV vereinbart wird. Entsprechende Regeln fehlen bei der einfachen Gesellschaft und der Kollektivgesellschaft, da dort die unbegrenzte Haftung der Gesellschafter Sicherheit genug bietet. Regeln existieren aber für die Kommanditgesellschaft (Art. 608 III OR), bei der AG (dazu nachfolgend), bei der GmbH (Art. 778, 802 OR) und der Genossenschaft (Art. 833 Ziff. 2 OR).

Bemerkenswert ist, dass die Einbringung von Werten in ein JV nur dann diesen speziellen Regeln unterliegt, wenn dieses als Gegenleistung *Eigenkapital* ausgibt bzw. den Erwerb aus neu aufgenommenem Eigenkapital bezahlt. Finanziert das JV eine Investition beispielsweise durch eine Obligationenanleihe oder aus Darlehen der Partner, fehlen gesetzliche Schutzmechanismen[8]. Die gesetzliche Regelung ist dabei nicht nur inkonsequent, sondern auch unlogisch: Der Schutzbedarf der Drittgläubiger wäre nämlich bei einer Finanzierung durch Fremdmittel höher als bei einer Einbringung auf Kapital[9].

b) Überblick über die Sacheinlage- und Sachübernahmevorschriften bei der Aktiengesellschaft

Wie erwähnt, wollen die Vorschriften über die Sacheinlage und die Sachübernahme bei der AG (Art. 628, 634, 635, 635a, 650, 652c, 652e, 652f, 704 I.5, 753 OR) verhindern, dass *überbewertete Aktiven*[10] in eine AG eingebracht werden und damit das Haftungssubstrat reduzieren[11]. Ge-

---

[8] Zur Kritik an dieser Regelung vgl. WATTER, *Bemerkungen zur Unlogik der Sacheinlage- und Sachübernahmevorschriften im Schweizer Aktienrecht* (erscheint in der AJP 1994), Ziff. 3.

[9] Vgl. WATTER (FN 8), Ziff. 3.a.

[10] Allenfalls auch unterbewertete Passiven, die namentlich im Rahmen einer Betriebsübernahme nach Art. 181 OR in die Gesellschaft eingebracht werden könnten. Vgl. dazu unten IV/2.

[11] Vgl. etwa FORSTMOSER, *Schweizerisches Aktienrecht I/1*, Zürich 1981, § 10 N 6; HONSELL/VOGT/WATTER, *Kommentar zum Schweizerischen Privatrecht*, Band II (nachfolgend zitiert "OR-Bearbeiter") Basel 1993, Art. 628 N 1.

schützt werden sollen durch diese Regelungen gegenwärtige[12] und künftige Aktionäre und Gläubiger[13], wobei wohl gleichzeitig auch eine Art Funktionsschutz angestrebt wird, sollen doch Wirtschaftskriminalität und Konkurse mit ihren unvermeidlichen volkswirtschaftlichen Schäden nach Möglichkeit vermieden werden[14].

Erreicht werden sollen diese Ziele einerseits durch *Offenlegung* (Art. 628 OR[15]), durch *erhöhte Pflichten der Gründer* bzw. des Verwaltungsrates (Art. 635, 652e OR) und neuerdings durch eine *Prüfung* der eingebrachten Gegenstände (bzw. genauer des Gründungs- bzw. Kapitalerhöhungsberichtes) durch die Revisionsstelle (Art. 635a und 652f OR), schliesslich durch eine qualifizierte Beschlussfassung in der *Generalversammlung* (Art. 704 I.5 OR).

Abgesichert werden die Vorschriften durch das Erfordernis der *Prüfung* durch den *Registerführer* (Art. 940 OR[16]) und durch die Pflicht des Einreichens der sogenannten *Stampaerklärung* (vgl. Art. 78 I.g und 80 I.d HRV), die verhindern soll, dass Sacheinlagetatbestände verheimlicht werden. Zu erwähnen ist weiter Art. 1 des *BG betreffend Strafbestimmungen zum Handels- und Firmenrecht*[17], der indirekt ebenfalls der Durchsetzung der Sacheinlagevorschriften dient.

Anzumerken ist weiter, dass die Gründer (bzw. später der Verwaltungsrat) ein grosses Interesse an einer genauen Einhaltung der Sacheinlage- und

---

[12] Der Schutz der gegenwärtigen Aktionäre und Gläubiger ist bei Kapitalerhöhungen, bzw. bei späteren Einbringungen von Bedeutung.

[13] Vgl. FORSTMOSER (FN 11), § 10 N 6 für künftige Aktionäre und Gläubiger bei der Gründung.

[14] Vgl. auch die Botschaft zum neuen Aktienrecht (BBl 1983 II 745 ff., nachfolgend zitiert nach dem Sonderdruck), 46, 114, ferner CH. HELBLING, *Der betrügerische Konkurs einer AG und die Aufgaben der Revisionsstelle*, in FS Helbling, Zürich 1992, 217 f.

[15] Vgl. hierzu vor allem KÜNG, *Sacheinlagen und Sachübernahmen im neuen Aktienrecht*, Jahrbuch des Handelsregisters 1992, 13 ff.

[16] KÜNG (FN 15), 16 ff.

[17] BG vom 6. Oktober 1923, SR 221.414.

-übernahmevorschriften haben, da nach Lehre der Einlagevertrag ansonsten *nichtig* ist[18] und die damit verbundene Unsicherheit[19] unbedingt vermieden werden muss.

Zu bedenken haben Gründer und Verwaltungsrat schliesslich die *Gründungshaftung* (Art. 753 OR), die als privatrechtliche Sanktionsmöglichkeit einer Verletzung der Sacheinlage- und Sachübernahmevorschriften verstanden werden kann[20].

c) Mögliche Gegenstände einer Sacheinlage oder einer Sachübernahme

In eine AG einbringbar sind nach herrschender Lehre nur Werte, die in der Bilanz auch *aktivierbar* sind[21]; dabei richtet sich die Aktivierbarkeit nach denjenigen Grundsätzen, die für erworbene Gegenstände gelten. Goodwill kann damit – da derivativ erworbener Goodwill im Gegensatz zum selber geschaffenen aktiviert werden kann – in ein JV eingebracht werden[22].

Nicht gegen Eigenkapital einbringbar sind dagegen blosse Kundenbeziehungen und insbesondere Verträge mit Dritten (ausser sie würden als Goodwill erfasst), auch wenn diese wirtschaftlich einen grossen Wert darstellen können. Ebenfalls *nicht* gegen Kapital einbringbar sind in der Schweiz – im Gegensatz etwa zu vielen Staaten in den USA, aber wie in Deutschland – *Dienstleistungen* bzw. ein Versprechen, solche Dienstleistungen zu erbringen[23].

---

[18] Vgl. FORSTMOSER (FN 11), § 10 N 142; ausdrücklich in diesem Sinne § 27(3) dAktG. Vgl. hierzu KK-KRAFT, § 27 N 83 ff.

[19] Nichtigkeit könnte ja stets und durch jedermann geltend gemacht werden.

[20] Vgl. dazu OR-WATTER (FN 11), Art. 753 N 1.

[21] BÖCKLI, *Das neue Aktienrecht*, Zürich 1992, N 69; OR-SCHENKER (FN 11), Art. 628 N 3. Zur Aktivierungsfähigkeit vgl. auch Revisionshandbuch der Schweiz, Zürich 1992, I 130 ff., v.a. 173 ff.

[22] Zur Kritik dazu WATTER (FN 8), Ziff. 3 und 4b.

[23] Vgl. § 27(2) dAktG, andererseits § 6.21 MBCA.

Darüber hinaus stellt sich im Schweizer Recht das Problem, dass das Erfordernis der *Prüfungsbestätigung*[24] und die teilweise sehr restriktive Praxis der *Handelsregisterbehörden*[25] es unmöglich machen können, gewisse Gegenstände in eine AG einzubringen. Zu denken ist etwa an ein neu entwickeltes Softwarepaket oder an nicht bewertbaren Goodwill[26]. Abschreckend wirken oft auch die Offenlegungsbestimmungen (Art. 628 OR)[27].

d) Exkurs: Die Kapitalerhöhung (oder Gründung) durch Verrechnung

Die gesetzliche Regelung von Sacheinlagen ist nicht nur inkonsequent und unlogisch, sondern auch *lückenhaft* bzw. relativ einfach zu umgehen: Verrechnungstatbestände werden nämlich nur unvollständig erfasst. Werden also einzelne Gegenstände auf Kredit (bzw. gegen Darlehen) in ein JV eingebracht und wird das Aktienkapital später gegen Verrechnung mit diesem Darlehen erhöht, entfällt der gesetzliche Schutz[28].

Immerhin kann es vorkommen, dass die Registerämter im Einzelfall auf einen Rechtsmissbrauch bzw. auf eine *Umgehung* der Sacheinlagevor-

---

[24] Die Revisionsstelle der Gesellschaft wird sich wegen allfälliger Verantwortlichkeitsansprüche hüten, eine Prüfungsbestätigung in Fällen abzugeben, wo eine vernünftige Aussage über die Bewertungsmethoden nicht möglich ist.

[25] Die Registerbehörden verlangen in der Praxis vor allem im Bereich der Detaillierung der Übernahmeverträge und der Formulierung der Statutenbestimmungen oft wirtschaftlich kaum mehr Vertretbares. In JV-Situationen ist dies schon deshalb falsch, weil wirtschaftlich unabhängige Personen die Bewertung und die Einbringung durch den anderen Partner genauestens kontrollieren. Zur ganzen Problematik vgl. WATTER (FN 8), Ziff. 3 f.

[26] Die Gründer und der Verwaltungsrat selber haben allerdings in diesen Konstellationen wegen der Gründungshaftung auch selber kaum ein Interesse an einer Einbringung.

[27] Hier stören sich die Partner eines JV vor allem an der Pflicht, den Preis – und damit die interne Bewertung – offenzulegen.

[28] Vgl. hierzu WATTER (FN 8), Ziff. 3d.

schriften erkennen und bei dieser Vorgehensweise den Eintrag verweigern. Zu beachten sind ferner steuerliche Schranken (vgl. unten II/2/a).

e) Zusammenfassung

Wegen der *einschränkenden Vorschriften* zur Einbringung von Gegenständen gegen Eigenkapital kann es somit vorkommen, dass die Parteien sich zwar einig sind, welche Werte wirtschaftlich auf das JV zu übertragen sind, gleichzeitig aber auch erkennen müssen, dass eine Sacheinlage oder eine Sachübernahme *nicht opportun* ist.

Es liegt dann an den Parteien zu entscheiden, ob sie die Werte dennoch dem JV übertragen wollen – aber *ohne Anrechnung* auf das *Kapital* – oder ein *Ersatzgeschäft* machen (vgl. unten V).

2. Steuerliche und buchhalterische Überlegungen

a) Allgemeines

Steuerliche und buchhalterische Überlegungen können für die Bestimmung der einzubringenden Werte (und des Einbringungswertes) ebenfalls eine wichtige Rolle spielen:

Namentlich können *Verkehrssteuern* (beispielsweise Handänderungsabgaben[29], Umsatzabgaben[30], Emissionsabgaben[31]) oder Verrechnungssteu-

---

[29] Zu denken ist hier vor allem an Handänderungs- und Grundstücksgewinnsteuern. Die Abgabe entfällt allerdings in gewissen Kantonen, wenn der Zusammenschluss als fusionsähnlich qualifiziert werden kann. Vgl. aber CAGIANUT/HÖHN, *Unternehmenssteuerrecht*, 3. Aufl., Bern 1993, 749.

[30] Werden Wertpapiere gegen Eigenkapital eingebracht, entfällt diese Abgabe allerdings. Vgl. Art. 14 I.b StG.

[31] Die Emissionsabgabe kann nach Art. 6 I.a^{bis} StG allerdings oft vermieden werden.

ern[32] gegen eine Einbringung gewisser Werte sprechen.

Teilweise müssen auch Gegenstände auf Partnerebene belassen werden, weil ein Transfer *nicht zum bisherigen Buchwert* durchgeführt werden kann[33] und damit (oft beträchtliche) Gewinnsteuern auf Partnerebene ausgelöst werden.

Die Parteien suchen deshalb oft nach Lösungen, um die Übertragung zu *bisherigen Buchwerten* durchführen zu können, wofür auch *buchhalterische Gründe* bestehen: Da das JV in der Startphase oft viele Aufwendungen haben wird, besteht kaum ein Interesse daran, die Erfolgsrechnung noch mit zusätzlichen Abschreibungen zu belasten, die nicht nur steuerrechtlich wenig interessant sind, sondern auch ein ungünstiges Bilanzbild schaffen, im Extremfall sogar Massnahmen nach Art. 725 OR verlangen. Wo eine solche Einbringung steuerlich zu bisherigen Buchwerten im Grundsatz möglich ist[34], muss oft vermieden werden, dass die Partnergesellschaft durch die Übertragung zur Holdinggesellschaft wird; in dieser Konstellation muss die Partnergesellschaft gewisse Werte "behalten".

Zu beachten ist in steuerrechtlicher Hinsicht schliesslich, dass bei einer Finanzierung mit *Aktionärsdarlehen anstatt mit Eigenkapital* Restriktionen

---

[32] Zu denken ist etwa an die Einbringung einer Tochtergesellschaft in ein in einem Drittland gelegenes JV; in solchen Fällen sind dann Dividendenausschüttungen gleich zweimal von Quellensteuern erfasst, nämlich zunächst von der Verrechnungssteuer bei Zahlungen von der Tochter an das JV, dann vom JV zum Partner. Dies ist vor allem dann ärgerlich, wenn Tochtergesellschaft und Partner beispielsweise beide Unternehmen in der Schweiz sind, das JV aber seinen Sitz in Italien hat. Hier bringt eine Einbringung eine doppelte Belastung (welche durch Doppelbesteuerungsabkommen nur gemindert, nicht beseitigt wird), welche sich mit einer vollen Rückforderbarkeit der Verrechnungssteuer in der Ausgangssituation vergleicht.

[33] Eine solche Einbringung zu bisherigen Buchwerten verlangt natürlich, dass das JV die betreffenden Gegenstände mit denselben Werten in seine Bilanz einsetzt.

[34] Die Steuerbehörden erlauben eine ertragssteuerneutrale Einbringung (d.h. eine zu bisherigen Buchwerten) oft nur, wenn sich die Partner verpflichten, die Beteiligung während einer gewissen Minimaldauer zu halten; führt die Einbringung zu einer steuersystematischen Realisierung (namentlich dann, wenn das Partnerunternehmen zur Holding wird), werden die stillen Reserven in aller Regel sofort besteuert. Zum ganzen CAGIANUT/HÖHN (FN 29), 750 f.

bei den abzugsfähigen Zinsen bestehen und in aller Regel ein Finanzierungsverhältnis von 1:6 einzuhalten ist[35]; auch dieser Umstand kann dazu führen, dass gewisse Werte gar nicht in das JV eingebracht werden.

b) Folgerungen

Wo ein einzubringender Gegenstand aus steuerlichen Überlegungen nicht in das JV eingebracht werden kann, müssen *Ersatzlösungen* gesucht werden (vgl. unten V).

Werden Werte zu bisherigen *Buchwerten anstatt zu Verkehrswerten* in das JV eingebracht, haben die Parteien folgendes zu beachten:

(i) Zunächst muss unter den Partnern klar sein, dass die *buchhalterische Behandlung* im Rahmen der Einbringung *nichts* mit der *Wertfestsetzung* unter den Parteien zu tun hat.

Wenn sich die Partner beispielsweise im klaren sind, dass die einzubringenden Werte objektiv gleich viel, nämlich je ca. CHF 1'000'000.-- wert sind, die eine Partei diese Werte nun aber zum bisherigen Buchwert von CHF 200'000.-- einbringt, die andere zu CHF 1'000'000.--, so erfüllen beide Parteien (wenigstens im Grundsatz) ihre internen Verpflichtungen.

(ii) Sodann ist zu berücksichtigen, dass die Einbringung zu Buchwerten durch die eine Partei das *nominelle Eigenkapital* begrenzt und eine teilweise Einbringung auf *Agio* verlangen kann[36].

Im Beispielsfall wird das Aktienkapital beispielsweise auf Fr. 400'000.-- zu fixieren sein, wobei der eine Partner zusätzlich Fr. 800'000.-- auf Agio einzubringen hat; dieser Umstand kann für diesen Partner im Vergleich zu einem nominellen Kapital von CHF 2'000'000.-- Vor- und Nachteile haben[37].

---

[35] Vgl. CAGIANUT/HÖHN (FN 29), 367 ff. Bei bankähnlichen Finanzgesellschaften gilt ein Verhältnis von 1:10.

[36] Vgl. immerhin die Lösung mit Vorzugsaktien oder Partizipationsscheinen unten VI/2, die eine Einzahlung auf Agio allenfalls vermeiden kann – allerdings auf Kosten einer einfachen Kapitalstruktur.

[37] Der Vorteil kann in einem Abschreibungspotential auf Partnerebene bestehen, der Nachteil liegt beispielsweise im Bereich der Verrechnungssteuern, da die Liquidationsdividende bei einem niedrigeren nominellen Kapital grösser ist.

(iii) Schliesslich gilt es zu bedenken, dass diejenige Partei, die ihre Werte zu Buchwerten einbringt, dem JV eine *verdeckte Steuerlast* überträgt[38], was nach einem vertraglichen Ausgleich rufen kann.

Wird das JV im Beispielsfall liquidiert, fällt *mutatis mutandis* ein Liquidationsüberschuss von CHF 800'000.-- an, der auf der JV-Ebene zu versteuern ist und beim Partnerunternehmen eventuell zu einer Verrechnungssteuerbelastung führt. Diese Last wird aber nur von einem Partner verursacht.

3. Uneinbringbarkeit wegen besonderer Rechtsverhältnisse bei den Partnern

Gewisse Werte sind in der Praxis manchmal nicht "verschiebbar": So kann es beispielsweise sein, dass Klauseln in Bankdarlehen oder *Obligationenanleihen* vorsehen, dass die Schuld fällig gestellt würde, wenn Betriebsteile ab einem gewissen Umfang veräussert oder ausgegliedert werden.

Bei *Immaterialgüterrechten* kann es sodann sein, dass die Übertragbarkeit gar nicht gegeben oder nicht opportun ist, da auch Lizenzrechte an Dritte erteilt werden.

Uneinbringbarkeit kann schliesslich auch aus *gesellschaftsrechtlichen Gründen* bestehen, namentlich wenn die vollständige Einbringung eines Unternehmens oder Unternehmensteiles eine Zweckänderung auf Partnerebene verlangen würde und dafür die notwendigen Mehrheiten[39] nicht erreicht werden können.

Auch in solchen Fällen haben die Parteien nach *Ersatzlösungen* zu suchen, um die Werte wenigstens wirtschaftlich auf das JV übertragen zu können.

---

[38] Vgl. HELBLING (FN 6), 238.
[39] Vgl. Art. 704 I.1 OR.

4. Öffentlich-rechtliche Schranken

Gegen die Einbringung gewisser Werte können im Einzelfall auch die Lex Friedrich oder – das eher im Ausland – kartellrechtliche Überlegungen sprechen. Immerhin gilt in diesem Bereich, dass die nachstehend beschriebenen "Ersatzgeschäfte" von diesen Gesetzen – wegen deren wirtschaftlichen Betrachtungsweise – meist auch erfasst werden.

IV. Die Einbringung in das Joint Venture mittels Sacheinlage oder Sachübernahme

1. Allgemeines

Für die Einbringung von Werten in ein JV *durch Sacheinlage oder Sachübernahme* kann auf die vorstehenden Ausführungen (vgl. oben III/1/b) verwiesen werden.

Werden die Werte nicht zu Verkehrs-, sondern zu *niedrigeren Buchwerten* in die Gesellschaft eingebracht, gilt das unter III/2/b Gesagte auch für die handelsrechtlichen Überlegungen. Analoges gilt, falls Werte *ohne direkte Gegenleistung*[40] auf das JV übertragen werden, weil sie nicht gegen Kapital eingelegt werden können, wie etwa Vertragsbeziehungen mit Dritten (vgl. oben III/1/c).

---

[40] Im Verhältnis zwischen den Partnern wird natürlich ein Ausgleich erfolgen, entweder dadurch, dass der andere Partner Werte teilweise auf Agio in die Gesellschaft einbringt (vgl. das Beispiel oben II/2/b) oder durch eine Ausgleichszahlung; vgl. zu steuerlichen Aspekten oben V/1.

2. Die Einbringung nach Artikel 181 OR

In vielen Fällen werden die Partner einen *Teilbereich ihres Unternehmens* in die Gesellschaft einbringen. Hiefür gilt in der Beziehung zu Drittgläubigern *Art. 181 OR*[41], wonach deren Schuldner zwar wechselt (vom Partnerunternehmen zum JV), das Partnerunternehmen aber während zwei Jahren ab Fälligkeit bzw. ab Ankündigung solidarisch haftbar bleibt. Zu beachten bleibt, dass bei einer Strukturierung der Einbringung nach Art. 181 OR die Übertragung der Aktiven nach den für diese Werte geltenden Vorschriften zu erfolgen hat[42].

3. Konsequenzen der Einbringung mittels Sacheinlage und -übernahme

Zu bedenken ist bei dieser Einbringungsart, dass die Werte nach der Übertragung dem *JV gehören*, was vor allem zwei praktische *Konsequenzen* hat:

(i) Bei einer *Liquidation* des JV haben die Partner kein Recht darauf, dass die von ihnen eingebrachten Werte wieder an sie zurücktransferiert werden. Dieser Grundsatz – der übrigens bei allen Gesellschaftsarten gilt[43] – ruft allenfalls nach einer anderen Regelung im JV-Vertrag.

(ii) Sodann haben sich die Partner zu überlegen, ob sie sich nicht an gewissen übertragenen Werten *Nutzungsrechte* einräumen müssen, um ihr

---

[41] Zu Dauerschuldverhältnissen vgl. OR-TSCHÄNI (in: HONSELL/VOGT/WIEGAND, *Kommentar zum schweizerischen Privatrecht*, Bd. I, Basel 1992), Art. 181 N 6. Vgl. ferner daselbst N 8 zum Umstand, dass es sich beim zu übertragenden Bereich um einen in sich geschlossenen Teil des Geschäftes handeln muss. M.E. ist insofern zu relativieren, als sich dieses Erfordernis nur auf die notwendige Publikation bezieht: der Rechtsverkehr muss erkennen können, welche Rechtsverhältnisse von der Übertragung erfasst sind. Falls eine klare Publikation möglich ist, ist deshalb eine vorbestehende "Geschlossenheit" nicht unbedingt nötig.

[42] Vgl. OR-TSCHÄNI (FN 41), Art. 181 N 1: insoweit gilt Singularsukzession.

[43] Vgl. Art. 548 I OR für die einfache Gesellschaft.

angestammtes Geschäft weiterbetreiben zu können. Zu denken ist etwa an Lizenzrechte an eingebrachten Immaterialgüterrechten, Benutzungsrechte an Grundstücken und ähnliches. Selbstverständlich haben die Parteien solche Belastungen bei der Wertbestimmung zu berücksichtigen, dies vor allem dann, wenn die Einräumung dieser Rechte "zurück" an den Partner nicht zu Verkehrswerten erfolgt.

V. Die Einbringung von Werten mittels Ersatzgeschäften

1. Allgemeines

Wo eine Einbringung entweder nicht möglich oder nicht opportun ist (vgl. oben III), müssen die Parteien die vereinbarten Werte dem JV mit einem Ersatzgeschäft zur Verfügung stellen. *Typische Ersatzgeschäfte* sind Miet-, Pacht-, Lizenz-, Darlehens- und Managementverträge.

Zu beachten ist bei solchen Geschäften insbesondere, dass bei einer Liquidation des JV der *nur wirtschaftlich transferierte Wert* dem einbringenden Partner wieder unbelastet zustehen und das JV (bzw. der andere Partner) dafür in aller Regel nicht entschädigt wird. Falls der eine Partner seinen Beitrag mittels Sacheinlage in das JV einbringt (vgl. oben IV/3), der andere aber mit einem Ersatzgeschäft, haben die Parteien deshalb *vertraglich* sicherzustellen, dass ein fairer Ausgleich stattfindet. Denkbar ist im Einzelfall auch, dass ein Ausgleich über *Vorzugsaktien* geschaffen wird[44].

2. Entschädigung und steuerliche Aspekte

Da das Ersatzgeschäft an die Stelle einer formellen Einbringung tritt, werden die Parteien in aller Regel vereinbaren wollen, dass das Ersatz-

---

[44] Vgl. das Beispiel unten VI/3.

geschäft für das JV "gratis" erfolgt, mithin *keine Entschädigung* vom JV an den Partner fliesst.

Steuerlich kann dies problematisch sein, da ein solches unentgeltliches Geschäft auf der Seite des JV als *verdeckte Kapitaleinlage* qualifiziert werden kann und auf Partnerebene die Gefahr besteht, dass die Steuerbehörden fiktive Einnahmen *aufrechnen*[45].

Wird deshalb aus steuerlichen Gründen eine Gegenleistung erbracht, ist wieder vertraglich[46] oder mittels Vorzugsaktien[47] sicherzustellen, dass die *Partner gleichwertig behandelt werden*, falls nur der eine ein Ersatzgeschäft tätigt.

3. Vertragsdauer

(Dauer-)Verträge zwischen dem JV und einem Partner sind in ihrer Gültigkeit oft so begrenzt, dass der Vertrag *aufgelöst* wird, wenn dieser Partner seinen Aktienbesitz am JV veräussert.

Ob eine solche Klausel auch in Verträgen sinnvoll ist, die eine Ersatzlösung für eine Einbringung darstellt, ist im Einzelfall zu entscheiden und von den Partnern bei Abschluss des Ersatzgeschäftes zu regeln. Wiederum ist zu beachten, dass die Parteien für einen fairen Ausgleich besorgt sein müssen, wenn die andere Partei ihren Anteil mittels Einlage geleistet hat (vgl. unten VI). Mögliche Lösungen liegen in einer Ausgleichszahlung beim Verkauf oder in einer Pflicht des verkaufenden Partners, die Erfüllung des Ersatzgeschäftes auf den Käufer zu überbinden.

---

[45] Vgl. CAGIANUT/HÖHN (FN 29), 440 ff.

[46] Eine einfache Lösung würde darin bestehen, dass derjenige Partner, der seine Leistung mittels Einlage erbracht hat, eine gleiche Zahlung erhält wie derjenige, der eine Entschädigung für sein Ersatzgeschäft bekommt. Eine solche Zahlung ohne Gegenleistung kann aber steuerlich als verdeckte Gewinnausschüttung qualifizieren. Vgl. im übrigen unten VI/2, speziell FN 54.

[47] Die Vorzugsaktien würden demjenigen Partner, der seine Leistung per Einlage erbracht hat, vorab einen Dividendenanteil sichern. Zu den Nachteilen vgl. unten VI.

4. Exklusivität

Bei Lizenzverträgen wird in aller Regel *Exklusivität* für das JV vorzusehen sein, damit wirtschaftlich eine einer Einbringung vergleichbare Lösung erreicht wird[48].

VI. Ausgleichsmechanismen

1. Allgemeines

Sind sich die Parteien einig, (i) *welche Werte* einzubringen sind, (ii) welche Werte entweder zu einem *geringeren Buchwert, ohne Gegenleistung* oder mittels eines *Ersatzgeschäftes* in das JV eingebracht werden und (iii) welcher *geldmässige Vorteil* dadurch dem einen Partner zukommt[49], stellt sich die Frage, wie die Parteien einen Ausgleich schaffen können, damit diejenige Partei, die ihren Anteil mittels Einbringung (allenfalls sogar zu Verkehrswerten) auf das JV übertragen hat, nicht benachteiligt wird.

Denkbar sind eine sofortige Ausgleichszahlung, eine vertragliche Lösung, welche den Ausgleich auf eine spätere Phase der Zusammenarbeit verschiebt und Lösungen mittels Vorzugsaktien und Partizipationsscheinen.

2. Ausgleichszahlung

Denkbar ist zunächst eine Ausgleichszahlung zwischen den Parteien, welche je nach Art des Vorteils bei der *Einbringung*[50], *jährlich*[51] oder erst bei

---

[48] Vgl. hierzu aber auch oben IV/3.

[49] Eine Ausgleichsleistung kann auch nötig werden, wenn die Parteien ein gewisses Beteiligungsverhältnis erreichen wollen. Vgl. oben II.

[50] Eine einmalige Ausgleichszahlung ist insbesondere dort angezeigt, wo die eine Partei die Werte zu Verkehrswerten einbringt, die andere zu Buchwerten. Vgl. oben III/C/2.

der *Liquidation*[52] bzw. dem *Verkauf* der Anteile am JV geschuldet sein kann. Anstatt einer Geldzahlung kann auch vereinbart werden, dass der benachteiligte Partner bei Liquidation oder im Verkaufsfall eine Option auf einen Teil derjenigen Aktien am JV hat, die der bevorzugte Partner hält.

Ausgleichszahlungen zwischen den Partnern sollten *steuerlich* keine Probleme bieten, da sie geschäftsmässig begründet sind und zwischen unabhängigen Personen erfolgen[53]. Anderes gilt, wenn das JV eine Zahlung vornimmt: Hier riskieren die Parteien, dass eine solche Zahlung als verdeckte Gewinnausschüttung qualifiziert wird, was vor allem im Bereich der Verrechnungssteuer sehr unangenehme Konsequenzen haben kann[54]. In der Praxis operieren die Parteien allerdings manchmal mit sogenannten "Managementverträgen" zwischen dem JV und dem Partner, die steuerlich aber nur deshalb vergleichsweise unproblematisch sind, weil die Veranlagungsbehörden nur schwer nachvollziehen können, ob überhaupt eine Leistung des Partners erfolgte.

3. Vorzugsaktien und Partizipationsscheine

Im Einzelfall kann es auch angezeigt sein, eine Ungleichbehandlung durch Vorzugsaktien nach Art. 654 OR auszugleichen, die dem einen Partner einen höheren Dividendenanteil oder eine höhere Liquidationsquote sichern.

> Wo beispielsweise beide Partner wirtschaftlich CHF 1'000'000.-- einbringen, Partner A dies durch Sacheinlage macht, Partner B dagegen nur CHF 500'000.-- als Sacheinlage bringt, den Rest durch eine unentgeltliche Miete an einer Fabrik, könnten die Parteien folgendermassen planen: Aktienkapital CHF 1'000'000.--, wobei Partner A Fr. 500'000.-- auf Agio einbringt und Vorzugsaktien erhält, die ihm im *Liquidationsfall* 66 Prozent der Liquidationsdividende sichern.

---

[51] Diese Art ist vor allem beim entgeltlichen Ersatzgeschäft zu erwägen (vgl. oben V/2). Die Ausgleichszahlung erfolgt dann im Rahmen des geleisteten Entgeltes.

[52] Vgl. hierzu oben III/2/b und V/1.

[53] In aller Regel werden solche Zahlungen beim Zahlenden als Aufwand gelten und beim Empfänger als Einkommen verbucht werden müssen.

[54] Vgl. CAGIANUT/HÖHN (FN 29), 462 f. Beim JV könnte ferner eine Gewinnaufrechnung vorgenommen werden.

Ein (teilweise) ähnlicher Effekt kann dadurch geschaffen werden, dass derjenige Partner, der formell mehr in das JV einbringt, *Partizipationsscheine* erhält, die allenfalls auch als *Vorzugs-Partizipationsscheine* ausgestaltet werden können.

> Im vorgenannten Beispiel könnte etwa A im Umfang von Fr. 500'000.-- Partizipationsscheine erhalten, was dann Sinn machen kann, wenn die Miete des B nicht unentgeltlich erfolgt. Um einen Ausgleich zwischen den Partnern zu schaffen, könnte die Miete partiarisch (parallel zu der auf den Partizipationsscheinen bezahlten Dividende) ausgestaltet sein.

Lösungen mit Vorzugsaktien und mit Partizipationsscheinen haben vor allem den *Nachteil,* dass sie eine künftige Kapitalerhöhung erschweren können, da eine proportionale Erhöhung die geschaffenen Gleichgewichte aus dem Lot bringen kann. Im weiteren werden sich die Parteien darüber im klaren sein müssen, dass Vorzugsaktien und Partizipationsscheine nur dann einen Ausgleich schaffen, wenn tatsächlich Gewinne erwirtschaftet werden bzw. ein Liquidationsgewinn erzielt wird.

Gegenüber vertraglichen Lösungen haben diese Varianten den *Vorteil* gesellschaftsrechtlicher Absicherung.

VII. Schlussfolgerungen

Vorstehende Ausführungen haben gezeigt, dass handelsrechtliche, steuerliche, buchhalterische, vertragsrechtliche und öffentlich-rechtliche Erwägungen es *verhindern* können, dass *Werte in ein JV eingebracht werden,* obwohl die Partnerunternehmen sich einig sind, dass diese Werte dem JV zur Verfügung gestellt werden müssen.

In solchen Fällen haben die Partner nach *Ersatzlösungen* zu suchen, die wenigstens wirtschaftlich dem JV die Verfügungsgewalt einräumen.

Wo der eine Partner seinen Anteil mit einer Ersatzlösung oder nicht zum Verkehrswert in das JV einbringt, hat er je nach konkreter Situation dem anderen Partner einen *Ausgleich* zu leisten, der entweder vertraglich oder gesellschaftsrechtlich strukturiert werden kann.

Internationale Joint Ventures - verfahrens-, anwendungs- und schiedsgerichtsrechtliche Fragen

ANTON K. SCHNYDER

Inhaltsverzeichnis

I.	**Internationale Zuständigkeit staatlicher Gerichte**	82
	1. Vertragsrechtliche Gerichtsstände	82
	a) Objektive Gerichtsstände	82
	b) Gerichtsstandsklauseln im besonderen	83
	2. Gesellschaftsrechtliche Zuständigkeiten	86
	a) Persönlich-sachlicher Anwendungsbereich der Artikel 150 ff. IPR-Gesetz	86
	b) Ordentliche Zuständigkeit der schweizerischen Gerichte	88
	c) Haftung für ausländische Gesellschaften	89
II.	**Kollisionsrechtliche Anknüpfung (IPR i.e.S.)**	89
	1. Vertragsrecht	89
	a) Rechtswahlfreiheit	89
	b) Sonderanknüpfung zwingenden (Eingriffs-)Rechts	91
	c) Objektive Vertragsanknüpfung	94
	2. Gesellschaftsrecht	95
III.	**Internationale Schiedsgerichtsbarkeit**	97
	1. Schiedsvereinbarung	97
	2. Schiedsfähigkeit	98
	3. Anwendbares Recht (Verweisung)	102
IV.	**Anerkennung und Vollstreckung ausländischer Entscheidungen**	103

I. Internationale Zuständigkeit staatlicher Gerichte

1. Vertragsrechtliche Gerichtsstände

a) Objektive Gerichtsstände

Sofern ein Joint Venture grenzüberschreitende Bezüge aufweist – mithin einen sogenannten internationalen Sachverhalt darstellt –, sind die einschlägigen Rechtsquellen des internationalen Privat- und Zivilverfahrensrechts zu beachten. Diese geben Aufschluss über die Gerichtsstände im internationalen Verhältnis sowie das auf die einzelnen Rechtsfragen und Vereinbarungen anzuwendende materielle Recht.

Eher von untergeordneter Bedeutung sind die *objektiv* zur Verfügung stehenden Gerichtsstände. In internationalen Joint Venture-Vereinbarungen werden nämlich häufig Gerichtsstandsklauseln in bezug auf die Zuständigkeit eines oder mehrerer staatlicher Gerichte festgelegt oder – wohl noch häufiger – Schiedsvereinbarungen getroffen (vgl. unten III/1). Die Bestimmung der für einen Streitfall zuständigen Gerichte dient der Rechtsplanung und erleichtert zugleich, zumindest bis zu einem gewissen Grad, die Koordinierung mit den in der Sache anwendbaren Rechten.

Objektive Gerichtsstände mögen immerhin in jenen Fällen eine gewisse Bedeutung haben, wo sich die Parteien zum Gerichtsstand nicht äussern (sei es, weil sie sich darüber nicht einigen können, sei es aus anderen Gründen) oder wo eine Gerichtsstandsvereinbarung sich als ungültig erweist. Sodann mag es sein, dass die Frage des Gerichtsstandes bei einfacheren Zusammenarbeitsverträgen gar nicht weiter problematisiert wird.

In objektiver Hinsicht stehen die allgemeinen sowie die besonderen vertragsrechtlichen Zuständigkeiten zur Verfügung. Sie bestimmen sich nach dem jeweils anwendbaren Zuständigkeitsrecht des mit einer Sache *befassten Gerichts*. Für die Schweiz bedeutet dies, dass insofern die einschlägigen Bestimmungen des *Bundesgesetzes über das Internationale Privatrecht (IPRG)* vom 18. Dezember 1987 oder Bestimmungen eines Staatsvertrages zur Anwendung gelangen. Was letztere betrifft, steht heute das *Lugano-Übereinkommen über die gerichtliche Zuständigkeit und die Vollstreckung gerichtlicher Entscheidungen in Zivil- und Handelssachen* vom 16. September 1988 im Vordergrund. Nach IPR-Gesetz und Lugano-Übereinkommen (im folgenden LugÜ) richtet sich die Regelanknüpfung in bezug auf die internationale Zuständigkeit an den *Wohnsitz bzw. Sitz der beklagten Partei* (Art. 112 Abs. 1 IPRG; Art. 2 LugÜ). Daneben steht für Klagen aufgrund der Tätigkeit einer Zweigniederlassung in der Schweiz überdies der Ort der *Niederlassung* zur Verfügung (Art. 112 Abs. 2 IPRG; Art. 5 Ziff. 5 LugÜ). Fehlt es an einer Niederlassung des Beklagten in der Schweiz, ist aber die Leistung in der Schweiz zu erbringen, so kann subsidiär beim schweizerischen Gericht am *Erfüllungsort* geklagt werden (Art. 113 IPRG; Art. 5 Ziff. 1 LugÜ). Stehen im Hinblick auf ein gerichtliches Verfahren Leistungen sowie Ansprüche aus einem Arbeitsvertrag zur Diskussion, sind im weiteren die schweizerischen Gerichte am Arbeitsort zuständig (Art. 115 IPRG; Art. 5 Ziff. 1 LugÜ).

Spezialgerichtsstände ergeben sich schliesslich für etwaige *vorsorgliche Massnahmen* (Art. 10 IPRG; Art. 24 LugÜ) sowie am *Arrestort* nach Art. 4 IPR-Gesetz. Im Rahmen des Lugano-Übereinkommens ist allerdings der Gerichtsstand des Arrestortes exorbitant und in jenen Fällen nicht mehr zulässig, in denen die beklagte Partei Sitz bzw. Wohnsitz in einem Vertragsstaat hat. Der Arrestort in der Schweiz vermag für diese Fälle keine rechtsgenügende zuständigkeitsrechtliche Grundlage mehr zu schaffen. Das schliesst allerdings nicht aus, Vermögen ausländischer Personen im Hinblick auf die spätere Vollstreckung eines ausländischen Urteils oder zu sonstigen Sicherungszwecken in der Schweiz zu verarrestieren.

b) Gerichtsstandsklauseln im besonderen

In vermögensrechtlichen Streitigkeiten eröffnen sowohl das IPR-Gesetz (Art. 5) als auch das Lugano-Übereinkommen (Art. 17) die Möglichkeit einer *Gerichtsstandsvereinbarung*. Dabei wird es auf die "bargaining power" der an einem Gemeinschaftsunternehmen beteiligten Parteien ankommen, was die Festlegung des oder der zuständigen Gerichte betrifft. Können oder wollen sich die Parteien nicht auf die ausschliessliche Zuständigkeit eines Staates einigen, so ist heute anerkannt, dass unterschiedliche Formen *alternativer Wahlrechte* zur Verfügung stehen. Beispielsweise mag in einer Basisvereinbarung oder im Rahmen eines einzelnen Durchführungsvertrages vorgesehen werden, dass die jeweils *klagende* Partei – unabhängig von den objektiven Gerichtsständen – verpflichtet sei, die andere Partei ausschliesslich an deren Sitz einzuklagen. Man spricht hierbei von reziproker Prorogation, weil der sich in die Rolle der klagenden Partei begebende Partner jeweils ins Ausland gehen muss. Daneben besteht die Möglichkeit, ein bestimmtes Gericht als nicht ausschliesslich zu erklären, was der klagenden Partei erlaubt, (weitere) objektive Gerichtsstände in Anspruch zu nehmen. Dem Kläger eröffnet sich dadurch eine Wahlmöglichkeit in bezug auf das zuständige Forum. Schliesslich ist denkbar, neben der Vereinbarung eines Schiedsgerichts der Gegenpartei den Gang an die ordentlichen staatlichen Gerichte zu erlauben.

Generelle Rezepte für die Formulierung einer Gerichtsstandsklausel wird man kaum geben können. Jede Partei dürfte versuchen, das ihr genehmste Gericht zu sichern. Dabei wird es vor allem in weiträumig angelegten internationalen Joint Venture-Verhältnissen ebenfalls eine Rolle spielen, *welches Kollisionsrecht und welches materielle Recht* schliesslich durch das vereinbarte Gericht anzuwenden sein werden. Häufig wird sich eine Parallele von "forum" und "ius" nicht vermeiden lassen. Dies kann allerdings auch im Interesse derjenigen Partei sein, die zunächst nicht "ihre eigenen" Gerichte als zuständig durchsetzt. Denn mitunter ist es immer noch das geringere Übel, im Ausland zu prozessieren, wenn mehr oder weniger feststeht, dass ein ausländisches Gericht das eigene Recht (lex fori) zur Anwendung bringen wird. Jedenfalls schafft eine Disparität von Forum und anwendbarem materiellen Recht in jedem Fall Komplikationen, die im Zusammenhang komplexer Joint Venture-Verhältnisse sorgfältig bedacht werden müssen.

Selbstredend sind die *Formerfordernisse* zu beachten, die eine Rechtsordnung im Hinblick auf die Formulierung einer Gerichtsstandsvereinbarung aufstellt. So zeigt die neueste Praxis in der Schweiz, dass namentlich Art. 5 des IPR-Gesetzes immer wieder zu Kontroversen Anlass gibt. Zuletzt ist hierfür durch das Bundesgericht am 9. September 1993 im Entscheid X.

gegen T. festgehalten worden, die Gerichtsstandsvereinbarung nach Art. 5 IPR-Gesetz sei ein Vertrag sui generis und bedürfe der einfachen Schriftlichkeit. Nicht erforderlich sei zwar, dass die Vereinbarung in einem gegenseitig unterzeichneten Vertragsdokument enthalten sei. Notwendig ist aber nach Auffassung des Bundesgerichts, dass *jede Partei* ihre Willenserklärung *schriftlich* oder in einer der in Art. 5 Abs. 1 IPR-Gesetz vorgesehenen Formen der modernen Übermittlung tätigt, welche den Nachweis der *Vereinbarung durch Text* ermöglichen. Demgegenüber kann nach Art. 17 LugÜ unter Umständen der Nachweis durch Text entfallen[1]. Das Bundesgericht betont, dass das aus neuerer Zeit stammende IPR-Gesetz in bezug auf Formfragen klar sei (was so allerdings nicht zutrifft) und beim Wortlaut genommen werden müsse. Die Frage dürfte sich bei internationalen Joint Venture-Verhältnissen relativieren, da in der Regel eine Gerichtsstandsvereinbarung von den Parteien gegenseitig unterzeichnet wird.

Nach schweizerischem Recht ist das vereinbarte Gericht *ausschliesslich* zuständig, wenn aus der Vereinbarung nichts anderes hervorgeht (Art. 5 Abs. 1 a.E. IPRG). Da diese Rechtsfolge in anderen Rechten nicht selbstverständlich ist, empfiehlt es sich, bei gewollter Ausschliesslichkeit dies auch explizit in die Gerichtsstandsklausel aufzunehmen. Vereinbaren die Parteien ein ausländisches Gericht, so führt das – wie jüngst durch das Bundesgericht klargestellt wurde – zur *Derogation* schweizerischer Gerichte[2].

Ein gewähltes Gericht ist nicht ohne weiteres verpflichtet, die Gerichtsstandsvereinbarung zu beachten. Nach Art. 5 Abs. 3 IPR-Gesetz kann ein vereinbartes Gericht *in der Schweiz* seine Zuständigkeit ablehnen, wenn die *geforderte Binnenbeziehung* zur Schweiz nicht gegeben ist. Letztere liegt dann vor, wenn eine der Parteien ihren Wohnsitz, ihren gewöhnlichen Aufenthalt oder eine Niederlassung im Kanton des vereinbarten Gerichts hat oder wenn nach dem IPR-Gesetz auf den Streitgegenstand schweizerisches

---

[1] Nämlich bei Vereinbarung "im internationalen Handel in einer Form, die einem Handelsbrauch entspricht, den die Parteien kannten oder kennen mussten und den Parteien von Verträgen dieser Art in dem betreffenden Geschäftszweig allgemein kennen und regelmässig beachten" (Art. 17 Abs. 1 lit. c LugÜ).

[2] BGr. 27. April 1993, BGE 119 II 177, 181 f.

Recht anzuwenden ist. Bei Beteiligung einer schweizerischen Partei an einem Joint Venture spielt diese Bestimmung keine Rolle. Im übrigen kann die Annahmepflicht schweizerischer Gerichte mittels Gerichtsstandsvereinbarung dann herbeigeführt werden, wenn auf den Vertrag auch schweizerisches Recht für anwendbar erklärt wird. In einem solchen Fall findet aufgrund der subjektiven Anknüpfung, die das IPR-Gesetz eröffnet, schweizerisches Recht Anwendung. Es ist – nach anfänglichen Diskussionen – heute nicht mehr bestritten, dass eine Rechtswahl die durch das Gesetz verlangte Anwendbarkeit schweizerischen Rechts zu bewerkstelligen vermag.

Soweit nicht für ein ganzes Joint Venture-Verhältnis eine umfassende Gerichtsstandsvereinbarung getroffen wird, muss die Frage der Zuständigkeit je getrennt für einen Basisvertrag, für die Joint Venture-Gesellschaft sowie für etwaige Folgeverträge beantwortet werden. Dies ergibt sich als Folge aus der Zweistufigkeit des Joint Venture und der "damit verbundenen Überlagerung vertraglicher und gesellschaftsrechtlicher bzw. korporativer Elemente"[3]. Werden Durchführungsverträge ("accords satellites") als integrierender Bestandteil eines Basisvertrages erklärt, so dürfte sich eine Gerichtsstandsklausel auch auf diese erstrecken. Bei Loslösung spezieller Vereinbarungen empfiehlt es sich jedoch, stets die gewollte Gerichtsstandsvereinbarung nochmals in das entsprechende Vertragsdokument aufzunehmen.

2. Gesellschaftsrechtliche Zuständigkeiten

a) Persönlich-sachlicher Anwendungsbereich der Artikel 150 ff. IPR-Gesetz

Das 10. Kapitel des IPR-Gesetzes ist dem *Gesellschaftsrecht* gewidmet. Diese Sonderbestimmungen enthalten eingehende Vorschriften zur Zuständigkeit und zum anwendbaren Recht in bezug auf gesellschaftsrechtliche Fragen.

---

[3] L. HUBER, *Das Joint-Venture im internationalen Privatrecht*, Basel/Frankfurt am Main 1992, 32.

Gegenstand des besonderen Kapitels sind zunächst Gesellschaften (Art. 150 Abs. 1 IPRG). Dazu zählen – unabhängig von ihrer Rechtsform – Kapital- und Personengesellschaften. Erfasst wird mithin eine eigenständige Joint Venture-Gesellschaft. Was die Grund- oder Basisvereinbarung betrifft, so sind darauf ebenfalls die gesellschaftsrechtlichen Bestimmungen anwendbar, *sofern die Kooperation eine einfache Gesellschaft mit eigener "Organisation" darstellt* (Art. 150 Abs. 2 IPRG). Gibt sich das Joint Venture keine eigene Organisation, sind auf die Hauptvereinbahrung das auf Verträge anwendbare Recht und die dafür einschlägigen Zuständigkeiten zu beachten (a.a.O.). Für die Frage, ob ein Zusammengehen eine einfache Gesellschaft im Sinne des IPR-Gesetzes ist, kann auf die Definition von Art. 530 OR zurückgegriffen werden[4]. Ob sich eine einfache Gesellschaft eine Organisation gegeben hat, beurteilt sich nach der inneren Struktur der Kooperation. Eine Organisation ist zu bejahen, wenn Aufgaben und Tätigkeiten "in den Rahmen einer zielgerichteten Ordnung gestellt und die Gemeinschaft an bestimmte Verhaltensregeln gebunden werden"[5]. Die Organisationsstruktur muss aber auch *nach aussen* in Erscheinung treten; sie muss als sogenannte Aussengesellschaft wirken. Eine Organisation wird namentlich etwa dann zu bejahen sein, wenn im Hinblick auf die Basisgesellschaft eine institutionalisierte Geschäftsführung geschaffen und mit entsprechenden Mitteln ausgestattet wird. Ist jedoch nur eine einfache Kooperation vereinbart und werden im Basisvertrag nur die Rechte und Pflichten der Parteien umschrieben, wird es in der Regel an einer die Anwendung der gesellschaftsrechtlichen Bestimmungen auslösenden Organisation fehlen.

Das für die Joint Venture-Gesellschaft relevante Gesellschaftsstatut erstreckt sich *nicht auch* auf die einzelnen Durchführungsverträge. Diese sind gesondert oder eingebunden in eine umfassende Grundvereinbarung nach dem Kapitel über das Vertragsrecht zu beurteilen.

---

[4] Vgl. F. VISCHER in: HEINI/KELLER/SIEHR/VISCHER/VOLKEN (Hrsg.), *IPRG Kommentar*, Zürich 1993, Art. 150 N 19.
[5] VISCHER (Anm. 4), Art. 150 N 21.

b) Ordentliche Zuständigkeit der schweizerischen Gerichte

Soweit das Kapitel über das Gesellschaftsrecht anwendbar ist, sind in gesellschaftsrechtlichen Streitigkeiten die schweizerischen Gerichte am *Sitz der Gesellschaft* zuständig "für Klagen gegen die Gesellschaft, die Gesellschafter oder die aus gesellschaftsrechtlicher Verantwortlichkeit haftenden Personen" (Art. 151 Abs. 1 IPRG).

Nach einem bundesgerichtlichen Grundsatzentscheid vom 17. Dezember 1991 ist nunmehr unter dem neuen Gesetz für die Frage der Beurteilung des Sitzes einer Gesellschaft grundsätzlich in vollem Umfang von der sogenannten *Inkorporationstheorie* auszugehen[6]. Soweit Abweichungen davon zu machen seien, habe der Gesetzgeber mit den Sonderanknüpfungen nach Artikel 156 ff. IPR-Gesetz Spezialbestimmungen erlassen, die insbesondere zum Schutz der Gläubiger die Anknüpfung an ein anderes Recht – namentlich am Sitz der effektiven Verwaltung – erlaubten. Nach ausführlicher Zitierung des einschlägigen Schrifttums kam das Gericht für die neue Gesetzesordnung zum Schluss, dass der IPR-Gesetzgeber die Inkorporationstheorie vollumfänglich zur Anwendung bringen und im übrigen der früheren Praxis mit Annahme eines unter Umständen fiktiven Sitzes der Gesellschaft keinen Platz mehr einräumen wollte. Nur noch ausnahmsweise – etwa im Missbrauchsfall – könne gegebenenfalls auf den Sitz am Ort der tatsächlichen Verwaltung ausgewichen werden. Somit sind Joint Venture-Gesellschaften nach schweizerischem Recht in erster Linie dort ins Recht zu fassen, wo sich der statutarische Sitz befindet (vgl. auch Art. 21 Abs. 2 IPRG).

Für Klagen gegen einen Gesellschafter oder gegen eine aus Verantwortlichkeit haftende Person sind überdies die schweizerischen Gerichte am Wohnsitz oder (!) am gewöhnlichen Aufenthaltsort des Beklagten zuständig (Art. 151 Abs. 2 IPRG).

Nach Art. 16 Ziff. 2 *Lugano-Übereinkommen* besteht, ähnlich wie nach autonomem schweizerischen Recht, ausschliessliche Zuständigkeit des Sitzstaates für Klagen über Bestand und Gültigkeit sowie Auflösung der Gesellschaft. Dieser Gerichtsstand gilt ebenfalls für Anfechtungsklagen, *nicht jedoch* für Verantwortlichkeitsklagen.

---

[6] BGE 117 II 494.

c) Haftung für ausländische Gesellschaften

Art. 159 IPR-Gesetz gibt ausnahmsweise die Möglichkeit, in Abweichung von der Regelanknüpfung an das Inkorporationsstatut die Haftung schweizerischem Recht zu unterstellen, wenn Geschäfte einer Gesellschaft, die nach *ausländischem* Recht gegründet ist, *in der Schweiz oder von der Schweiz aus* geführt werden. Diese einseitige Kollisionsnorm hat in erster Linie den Schutz schweizerischer Gläubiger im Auge. Im Hinblick auf solche Klagen (vgl. dazu auch unten II/b) eröffnet Art. 152 IPR-Gesetz eine entsprechende *Sonderzuständigkeit.* Die verantwortlichen Personen können hierbei an ihrem schweizerischen Wohnsitz oder am gewöhnlichen Aufenthalt ins Recht gefasst werden; ebenfalls zuständig sind die schweizerischen Gerichte am Ort, an dem die Gesellschaft tatsächlich verwaltet wird. Dies erlaubt ausnahmsweise auch eine Klage gegen im Ausland wohnhafte Personen, sofern sie die anknüpfungserhebliche Geschäftstätigkeit in der Schweiz ausüben. Diese Gerichtsstandsbestimmung kann etwa dort von Bedeutung werden, wo ein ausländisches Joint Venture von der Schweiz aus geleitet wird. Art. 152 IPR-Gesetz will eine Zuständigkeit auch gegenüber Personen eröffnen, die lediglich als faktische Organe oder Hilfspersonen tätig werden.

II. Kollisionsrechtliche Anknüpfung (IPR i.e.S.)

1. Vertragsrecht

a) Rechtswahlfreiheit

In bezug auf vertragsrechtliche Kooperationen ist unbestritten, dass den Parteien die Möglichkeit eingeräumt ist, das auf den Vertrag anwendbare Recht selber zu bestimmen. Art. 116 des Schweizer IPR-Gesetzes regelt den Grundsatz und die Modalitäten einer Rechtswahl.

Zumal bei komplexeren Joint Venture-Verhältnissen ist es ratsam, das in der Sache anwendbare Recht selber festzulegen. Gestützt auf die letztendlich anwendbaren Vorschriften können entsprechend die Vertragswerke ausformuliert und aufeinander abgestimmt werden. Ungewissheit über das Vertragsstatut erschwert die Rechtsplanung im allgemeinen sowie im besonderen die Koordinierung der Vertragspflichten mit den vom Gesetz angeordneten Rechtsfolgen. Gelingt es einer Partei nicht, das von ihr als wünschenswert erachtete Recht als anwendbar durchzusetzen, kann im Sinne eines Kompromisses auch ein sogenanntes neutrales Recht – Recht einer dritten, in diesem Sinne neutralen Rechtsordnung – vereinbart werden.

Demgegenüber ist abzuraten von Formulierungen, die für eine allfällige Auseinandersetzung auf "allgemeine Rechtsprinzipien" oder auf eine wie immer zu definierende Lex mercatoria (also auf ein gleichsam überstaatliches Welthandelsrecht) verweisen. Ganz abgesehen von der grundsätzlichen Kontroverse, die solche Verweisungen umgeben, ist es den Parteien in solchen Fällen zumeist unmöglich, ihre Rechtspflichten mit Bezug auf die einzelnen Verträge zu definieren. Die ganze Problematik wird indessen häufig dadurch relativiert, als die Parteien ihre Rechte und Pflichten mitunter durch ausholende Formulierungen festlegen und damit die Bedeutung objektiven Rechts in den Hintergrund treten lassen. Gleichwohl kann dieses aber im Einzelfall eine entscheidende Rolle spielen, wenn es etwa um die zwingenden Anordnungen eines Rechts und deren Durchsetzung im Rahmen eines Joint Venture-Verhältnisses geht. In bezug auf solche Fälle ist das schliesslich anwendbare Recht zu konsultieren – eine Aufgabe, die bei eindeutiger Rechtswahl erheblich erleichtert werden kann.

Trotz an sich zulässiger Rechtswahl *problematisch* erscheinen sogenannte *Versteinerungs- oder Einfrierklauseln*. Dadurch sollen – gleichsam durch materiellrechtliche Festlegung – eines oder mehrere bestimmte Rechte *in der Form* für anwendbar erklärt und damit erhalten werden, wie sie sich zur Zeit des Vertragsabschlusses präsentieren. Spätere Rechtsänderungen sollen demgegenüber unbeachtlich bleiben. Solche Klauseln können zwar mitunter ihrerseits die Umschreibung der Vertragspflichten erleichtern, sind jedoch höchstens dann als zulässig zu betrachten, wenn sie nicht gegen späteres zwingendes Recht der in der Sache anwendbaren Rechtsordnung (Vertragsstatut) verstossen. Eine Versteinerung mittels vertraglicher Vereinbarung schliesst daher nicht aus, dass durch ein in der Zukunft mit der Sache befasstes Gericht unter Umständen in Abweichung vom seinerzeitigen Parteiwillen entschieden wird.

Bei komplexeren Vertragsverhältnissen empfehlen sich *Verbund- und Koordinationsklauseln* in bezug auf den Grundvertrag und etwaige Folgevereinbarungen. Dadurch lässt sich eine bessere Koordinierung auch zwischen den verschiedenen Vertragswerken erzielen. Für das schweizerische Recht ist namentlich darauf hinzuweisen, dass es bei Fehlen solcher Klauseln und insbesondere von Rechtswahlvereinbarungen denkbar wäre, dass einerseits die verschiedenen Verträge nicht demselben Recht – in objektiver Hinsicht – unterstellt würden. Sodann ist bei Fehlen einer Rechtswahl dem zuständigen schweizerischen Gericht die Möglichkeit eingeräumt, eine objektive Regelanknüpfung in Ausnahmefällen zu korrigieren bzw. davon abzuweichen, wenn sich nach den gesamten Umständen eines Sachverhalts zeigt, dass ein Fall mit einer anderen (dritten) Rechtsordnung einen noch engeren Zusammenhang aufweist und daher dieses Recht berufen weden sollte (vgl. Art. 15 IPRG).

Sinnvoll mag in einem Einzelfall eine *Teilrechtswahl* sein. So können etwa hinsichtlich einzelner Lizenzen die bezüglichen Lizenzverträge verschiedenen Rechten unterstellt werden. Gleiches kann gelten für einzelne Dienstleistungen oder einzelne Produktlieferungen, die unter Umständen unabhängig vom Hauptvertrag angeknüpft werden sollen. Demgegenüber dürfte eine kollisionsrechtliche Aufspaltung in sich geschlossener Verträge unzulässig sein, es sei denn, es würden einzelne, speziell abgegrenzte und verselbständigte Rechtsfragen – wie etwa die Handlungsfähigkeit – einem eigenen Recht unterstellt. Allemal erforderlich ist dabei, dass die Verweisung einer subjektiven Anknüpfung zugänglich ist.

b) Sonderanknüpfung zwingenden (Eingriffs-)Rechts

Die Vielzahl der durch ein internationales Joint Venture-Verhältnis möglicherweise betroffenen Rechtsordnungen und der dadurch tangierten Ordnungsinteressen kann zu einer *Konkurrenz anwendbarer Markt- und sonstiger Aufsichtsrechte* führen. Zu denken ist an folgende Regelungsbereiche, die den internationalen Handelsverkehr weiterhin in steigendem Ausmass prägen: Wettbewerbs- und sonstiges Marktordnungsrecht, das im Extremfall sogar zur Nichtigkeit einer Joint Venture-Vereinbarung führen kann. Im weiteren mag sich ein Genehmigungsvorbehalt aus Bestimmungen ergeben, die den Technologietransfer zum Gegenstand haben. Mehr auf den Schutz einzelner Personen ausgerichtet sind öffentliches (lokales) Arbeitsrecht oder durch Transaktionsabläufe betroffenes Datenschutzrecht. Hinzu kommen Vorschriften über Import- und Exportgenehmigungen. Höchst bedeutungsvoll können schliesslich Bestimmungen über die Zulässigkeit und die Auswahl von Kooperationspartnern sein – einschliesslich von Vorschriften in bezug auf (namentlich ausländische) Beteiligungen. Bei allen diesen Normenbereichen ist zu fragen, wie weit solche im Einzelfall Anwendung verlangen und ob diesem Anwendungswillen auch im internationalen Verhältnis – insonderheit entgegen den Anordnungen des an sich anwendbaren Vertragsrechts – zu folgen sei.

Relativ unbestritten sind Anordnungen, die das Recht des *Forumstaates* enthält. Für die Schweiz statuiert insoweit Art. 18 IPR-Gesetz, dass solche zwingenden Bestimmungen "unabhängig von dem durch dieses Gesetz bezeichneten Recht" anzuwenden seien. Beispielsweise und unbestrittenermassen gelten die Bestimmungen der Lex Friedrich unabhängig davon, ob eine Joint Venture-Vereinbarung ausländischem Recht untersteht oder nicht.

Schwieriger wird die Rechtslage, wenn es darum geht, über *ausländische Vorschriften* zu befinden, die entgegen der an sich anwendbaren schweizerischen Vertragsrechtsordnung oder entgegen einem dritten Recht Anwendung erheischen. Grundsätzlich – was traditionellerweise auch geschehen ist – könnte man nämlich die Auffassung vertreten, solche Bestimmungen ausserhalb des Vertragsstatuts seien unbeachtlich, da das auf den Vertrag anwendbare Recht die einzelnen Rechtsfragen abschliessend und ausschliesslich regle. Demgegenüber hat nun der schweizerische Gesetzgeber in Art. 19 IPR-Gesetz die Möglichkeit geschaffen, auch solches, nicht dem Vertragsstatut angehöriges, Ordnungsrecht zu berufen. Wie auszuführen sein wird, spielt die gesamte Sonderanknüpfungsproblematik zunehmend auch eine Bedeutung für das internationale Schiedsgerichtswesen (vgl. dazu unten III/2). Art. 19 IPR-Gesetz sowie ähnliche Bestimmungen in anderen Rechten[7] führen dazu, dass namentlich die Wahl eines neutralen Rechts keine Gewähr mehr dafür bietet, allfälligen zwingenden Ordnungsbestimmungen der beteiligten Märkte zu entgehen. Kollisionsrechtlich wird damit in einer gewissen Weise nachvollzogen, was realitätsbewusste Vertragspartner seit langem beachten – dass nämlich das Ordnungsrecht der Märkte, auf denen man auftritt und vertreten ist, befolgt werden muss. Unter diesem Gesichtswinkel verliert Art. 19 IPR-Gesetz jene Dramatik, die der Bestimmung im Verlauf der Jahre unterstellt worden ist.

Ohne hier näher auf die *Einzelheiten* des Art. 19 IPR-Gesetz einzugehen, sei lediglich in Erinnerung gerufen, dass nicht irgendwelche zwingenden Rechtsordnungen – unabhängig von ihrer Nähe zum Sachverhalt – berufen werden können. Vielmehr statuiert Art. 19 IPR-Gesetz folgende restriktiven Voraussetzungen, die bei der Anwendung zwingenden drittstaatlichen Marktrechts zu beachten sind:

Zunächst ist eine Bestimmung ausserhalb des Vertragsstatuts überhaupt nur dann in Erwägung zu ziehen, wenn diese Bestimmung in casu anwendungswillig ist und durchgesetzt sein will. Sodann ist erforderlich, dass zwischen dem Sachverhalt und der anwendungswilligen ausländischen Ordnung ein enger Zusammenhang gegeben ist. Schliesslich ist besonders typisch für Artikel 19 des IPR-Gesetzes, dass die Durchsetzung und Schutzwürdigkeit einer Eingriffsbestimmung nur dann zum Tragen kommen kann, wenn überwiegende Interessen (mindestens) einer Partei an der Berücksichtigung der Eingriffsnormen sowie die Schutzwürdigkeit dieses festgestellten Parteiinteresses nach *schweizerischer Rechtsauffassung* zu bejahen sind. Nach schweizerischer Rechtsauffassung nicht schützenswert sind etwa Bestimmungen, die grundlos diskriminierend oder spoliativ in den Wirtschaftsprozess eingreifen.

Überdies ist in bezug auf die zu erfolgende Sonderanknüpfung nach wiederum schweizerischer Rechtsauffassung eine sachgerechte Entscheidung zu treffen. Dieses schliesst etwa die Prüfung ein, ob ein Vertrag anstelle völliger Nichtigkeit nicht einer billigen Rückabwicklung unterzogen werden könnte. Schliesslich kann eine anwendbare Eingriffsnorm auch in der Weise beachtet werden, dass ihre Rechtsfolge nicht als solche angeordnet, sondern

---

[7] Siehe Art. 7 Abs. 1 EG-Schuldvertragsübereinkommen vom 19. Juni 1980.

ihren Regelungsanliegen durch anderweitige "Berücksichtigung" Rechnung getragen wird (so der Wortlaut von Art. 19 IPRG). Dies könnte beispielsweise bei Nichtbeachtung von Anteilsquoten beim Erwerb einer Kontrollmehrheit an einer Gesellschaft dazu führen, dass die Kooperations- und Kaufverträge nicht als solche nichtig zu erklären, sondern dahingehend umzudeuten wären, als die Anteile auf die zulässige Höhe zu reduzieren seien. Voraussetzung für eine solche Lösung müsste wohl allerdings sein, dass nach Ansicht der Parteien – namentlich etwa eines ausländischen Investors – auch ein reduziertes Engagement noch Sinn machen würde.

c) Objektive Vertragsanknüpfung

Bei Fehlen einer Rechtswahl untersteht der Vertrag dem Recht des Staates, "mit dem er am engsten zusammenhängt" (Art. 117 Abs. 1 IPRG). Dabei wird von Gesetzes wegen vermutet, dass der engste Zusammenhang mit jenem Staat besteht, in dem die Partei, welche die *charakteristische Leistung* erbringt bzw. erbringen soll, ihren Sitz hat. Ersichtlich hilft die Typisierung nach der charakteristischen Leistung hier oft nicht weiter, zeichnen sich doch Zusammenarbeitsverträge und Joint Venture mitunter durch vielfältige und zahlreiche Leistungen (der verschiedenen Parteien) aus. Lassen sich indessen einzelne Vereinbarungen separieren – etwa bei Erteilung einer Lizenz –, kann auf diesen Vertrag das Recht des Lizenzgebers angewendet werden (vgl. Art. 122 Abs. 1 IPRG). Im übrigen aber ist nicht immer ohne weiteres ersichtlich, mit welcher Rechtsordnung ein Joint Venture, das vertragsrechtlich anzuknüpfen ist, den engsten Zusammenhang aufweist. Es ist daher empfehlenswert, in solche Vereinbarungen stets eine Rechtswahl aufzunehmen.

Ist jedoch objektiv anzuknüpfen, so wird die Rechtsordnung jenes Staates zu berufen sein, in welchem sich das *Zentrum der Aktivität* des Joint Venture befindet[8]. Für die Anknüpfung ist daher auf den Ort abzustellen, wo die Partner die massgeblichen Aufgaben und Funktionen der Vereinbarung erfüllen. Häufig befindet sich dort auch der Ort, an dem die relevanten

---

[8] Vgl. eingehend HUBER (Anm. 3), 104 ff.

Verwaltungsrats- und sonstigen Geschäftsleitungssitzungen stattfinden. Der "Sitz" des Joint Venture liegt oft in jenem Staat, in welchem einer der Partner seinen Verwaltungssitz hat und wo das Joint Venture tätig werden soll. Diese Schwerpunktbildung mag allerdings entfallen, wenn der tonangebende, entscheidende Partner nicht in diesem Staat seinen Sitz hat, sondern vom Ausland her die massgeblichen Leistungen erbringt und den geschäftsrelevanten Einfluss auf das Joint Venture ausübt. Leistet dieser Partner überdies die ausschlaggebenden finanziellen Investitionen – namentlich bei einer Mehrheitsbeteiligung –, bestehen gute Gründe, die Leistungen dieses Partners als die "charakteristischen", mithin die anknüpfungsrelevanten, zu betrachten. Das Schweizer IPR-Gesetz gibt dem mit einer Streitsache befassten Gericht überdies die Möglichkeit, mittels *Ausweichanknüpfung* nach Art. 15 IPRG trotz anderweitiger enger Beziehung auf das Recht jenes Staates abzustellen, der unter Würdigung aller (insbesondere funktionaler) Gesichtspunkte als der Vereinbarung am nächsten stehend[9] betrachtet wird.

Spezialvereinbarungen – zum Beispiel Managementverträge oder besondere Know how-Vereinbarungen – sind in der Regel ihrem eigenen Recht zu unterstellen. Soweit vorhanden, sind die einschlägigen Sonderkollisionsnormen zu beachten (Art. 121 IPRG für Arbeitsverträge, Art. 122 IPRG für Verträge über Immaterialgüterrechte).

2. Gesellschaftsrecht

Soweit sich die Kooperation eine eigene Organisation gegeben hat, sind die einschlägigen gesellschaftsrechtlichen Anwendungsnormen der Artikel 154 ff. IPR-Gesetz zu beachten. Gleiches gilt in bezug auf die Joint Venture-Gesellschaft.

Nach der Konzeption des schweizerischen Gesetzgebers gelangt das Recht des *Sitzstaates* möglichst umfassend zur Anwendung. Während Art. 154 IPR-Gesetz die grundsätzliche Verweisung auf das Inkorporationsstatut

---

[9] – "mit einem anderen Recht jedoch in viel engerem Zusammenhang" (Art. 15 Abs. 1 IPRG).

enthält, nennt Art. 155 IPR-Gesetz die Rechtsfragen, welche dem so bestimmten Recht unterstehen. Hierbei geht es einerseits um die Entstehung und Rechtsgültigkeit der Gesellschaft sowie um die internen gesellschaftsrechtlichen Beziehungen, andererseits um die Vertretung und die Haftung gegen aussen. *Sonderanknüpfungen* enthalten die Artikel 156 bis 159 des IPR-Gesetzes. Dabei geht es insbesondere um den Firmenschutz, die Vertretungsbefugnis sowie die Haftung für ausländische Gesellschaften, die in der Schweiz oder von der Schweiz aus geführt werden (vgl. zu letzterem auch oben I/2/c). Eine Haftung nach schweizerischem Recht kann etwa dort zur Diskussion stehen, wo Ober- und Partnergesellschaften als faktische Organe die Geschäftsleitung eines ausländischen Joint Venture innehaben. – Vorbehalten sind wiederum die allenfalls gesondert anzuknüpfenden zwingenden (Eingriffs-)Normen des schweizerischen Rechts sowie allenfalls berührter Drittstaatrechte (Art. 18 und Art. 19 IPRG).

In komplexen Verhältnissen mag sich eine *Koordinierung* zwischen den verschiedenen zuständigen Rechtsordnungen aufdrängen. So kann gestützt auf die Ausweichanknüpfung nach Art. 15 IPRG eine Korrektur des Vertragsstatuts in Richtung Gesellschaftsstatut erfolgen. In extremis könnte die Koordinierung sogar bis hin zum Einheitsstatut gehen. Zweifelhaft ist, ob auch das Gesellschaftsstatut in Richtung Vertragsstatut angepasst werden dürfte. Im bereits referierten Grundsatzentscheid zur Inkorporationstheorie hat das Bundesgericht die Anwendung der Ausweichklausel von Art. 15 IPRG im Rahmen des Gesellschaftsrechts nämlich *abgelehnt*[10]. Zur Begründung machte das Gericht geltend, die Festlegung eines statutarischen Sitzes komme einer Rechtswahl gleich, was die Nichtanwendbarkeit von Art. 15 IPR-Gesetz zur Folge habe (vgl. Art. 15 Abs. 2 IPRG). Aus Gründen der Rechtssicherheit und der Praktikabilität kann dem gefolgt werden, auch wenn es sich bei der (objektiven) Anknüpfung nach dem Inkorporationsprinzip nicht um eine Rechtswahlklausel im engeren Sinn handelt. Eine Korrektur nach Art. 15 IPRG müsste daher eher bei einer differenzierten Bestimmung des Vertragsstatuts ansetzen.

Die auf gesellschaftsrechtliche Fragen anwendbare Rechtsordnung ist auch von Bedeutung für etwaige *deliktsrechtliche Ansprüche* (gleiches gilt

---

[10] Vgl. BGE 117 II 494.

mutatis mutandis für die Anspruchskonkurrenz im Verhältnis von Vertrag und Delikt). Einschlägig ist hierfür die sognannte akzessorische Anknüpfung nach Art. 133 Abs. 3 IPRG. Wird danach "durch eine unerlaubte Handlung ein zwischen Schädiger und Geschädigtem bestehendes Rechtsverhältnis verletzt", so unterstehen deliktsrechtliche Ansprüche jener Rechtsordnung, die dieses "vorbestehende Rechtsverhältnis" beherrscht.

III. Internationale Schiedsgerichtsbarkeit

1. Schiedsvereinbarung

Mit dem 12. Kapitel des IPR-Gesetzes hat der Schweizer Gesetzgeber besondere Bestimmungen zur internationalen Schiedsgerichtsbarkeit erlassen (Artikel 176 bis 194). Die Vorschriften gelten für Schiedsgerichte mit Sitz in der Schweiz, sofern beim Abschluss der Schiedsvereinbarung wenigstens eine Partei nicht in der Schweiz Wohnsitz (Sitz) oder gewöhnlichen Aufenthalt hatte. Folgerichtig kommt dieser Teil des IPR-Gesetzes nur bei internationalen Verhältnissen zur Anwendung (Art. 176 Abs. 1 IPRG).

Den Parteien steht weiterhin die Möglichkeit offen, die Anwendung des besonderen IPRG-Kapitels auszuschliessen und statt dessen die Zuständigkeit des kantonalen Rechts (Konkordat über die Schiedsgerichtsbarkeit) vorzusehen. An einen solchen Ausschluss sind aber nach bundesgerichtlicher Rechtsprechung strenge Anforderungen zu richten[11]. *Dreierlei* wird vorausgesetzt: Zunächst müssen die Parteien ausdrücklich die Anwendbarkeit des IPR-Gesetzes bzw. der Bestimmungen über die internationale Schiedsgerichtsbarkeit ausschliessen. Alsdann müssen die kantonalen Bestimmungen über die Schiedsgerichtsbarkeit als ausschliesslich anwendbar erklärt werden. Dadurch soll nicht zuletzt ein "Rosinenpicken" verhindert werden. Schliesslich muss die Vereinbarung in Schriftform erfolgen. Halten die Parteien demgegenüber nichts Besonderes fest, so gelangen die Sonderbestimmungen des IPR-Gesetzes zur Anwendung.

---

[11] BGE 116 II 721; 115 II 390, 393.

Art. 178 IPR-Gesetz regelt die Anforderungen an eine gültige Schiedsvereinbarung. In bezug auf die *Form* hält Art. 178 Abs. 1 IPRG – in wörtlicher Übereinstimmung mit Art. 5 IPRG (Gerichtsstandsvereinbarung) – fest, dass die Schiedsvereinbarung schriftlich, durch Telegramm, Telex, Telefax oder in einer anderen Form der Übermittlung erfolgen könne, "die den Nachweis der Vereinbarung durch Text ermöglicht". Nach dem vorne erwähnten Bundesgerichtsentscheid vom 9. September 1993 in bezug auf das Erfordernis der beidseitigen Schriftlichkeit ist auch für Schiedsvereinbarungen zu verlangen, dass beide Parteien ihren Willen insoweit durch "Text" zum Ausdruck bringen. In einfacheren Zusammenarbeitsverhältnissen schliesst dies nicht aus, eine Schiedsabrede mittels vorformulierter Klauseln in Allgemeinen Geschäftsbedingungen zu treffen. Wird jedoch lediglich in einem Schreiben auf beigelegte Bedingungen verwiesen, welche ihrerseits eine Schiedsklausel enthalten, so besteht die Gefahr, dass eine Schiedsvereinbarung als nicht zustandegekommen erklärt wird. So jedenfalls hat vor kurzem das Handelsgericht Zürich entschieden[12]. Es erachtete das fragliche Schreiben in bezug auf die Schiedsklausel als überraschend und ungewöhnlich[13].

In materieller Hinsicht ist die Schiedsvereinbarung gültig, wenn sie dem von den Parteien gewählten, dem auf die Streitsache anwendbaren oder dem schweizerischen Recht entspricht (Art. 178 Abs. 2 IPRG).

2. Schiedsfähigkeit

Gegenstand eines Schiedsverfahrens kann "jeder vermögensrechtliche Anspruch" sein (Art. 177 Abs. 1 IPRG). Durch diese Formulierung erfolgt eine materielle Bestimmung der Schiedsfähigkeit direkt durch das Gesetz (Sachnorm). Damit findet keine kollisions- oder metarechtliche Zuweisung an ein anderes Recht statt, das über die Schiedsfähigkeit zu entscheiden hätte. Namentlich kommt es nicht auf die anwendbare Sachrechtsordnung an (Ver-

---

[12] Beschluss vom 25. August 1992, ZR 91/92 (1992/93) Nr. 23.

[13] Zur Gültigkeit einer *Gerichtsstands*klausel mittels AGB siehe ferner BGr. 6. August 1992, BGE 118 Ia 294.

trags- oder Gesellschaftsstatut). Der Gesetzgeber wollte mit dieser Regelung den Schiedsplatz Schweiz möglichst weit öffnen. Diesem Ziel dient auch die bemerkenswerte Bestimmung von Art. 177 Abs. 2 IPRG, wonach bei Beteiligung eines Staates, eines staatlich beherrschten Unternehmens oder einer staatlich kontrollierten Organisation die betreffende Partei "nicht unter Berufung auf ihr eigenes Recht ihre Parteifähigkeit im Schiedsverfahren oder die Schiedsfähigkeit einer Streitsache in Frage stellen" kann. Schliesst eine ausländische Rechtsordnung die Möglichkeit eines Schiedsverfahrens aus oder will sie für ein solches zwingende Bestimmungen beachtet wissen, so ist solchen Anordnungen möglicherweise im Rahmen der Rechtsanwendung (Art. 187 IPRG) Rechnung zu tragen (vgl. unten III/3).

Wie das Bundesgericht in neueren Entscheidungen mehrmals festgehalten hat, ist die weite Öffnung der Schiedsgerichtsbarkeit im Sinne von Art. 177 IPRG zu beachten. So steht es einem Schiedsgericht im Rahmen der Zuständigkeitsprüfung (Art. 186 Abs. 1 IPRG) nicht zu, ein Verfahren von der Hand zu weisen, welches ordnungsrechtliche Implikationen mit Bezug auf ausländische Staaten und Märkte aufweist. Gleichsam abgesichert wird die weite Kompetenz durch Art. 178 Abs. 3 IPRG, wonach – in Übereinstimmung mit einem internationalen Rechtsgrundsatz – gegen eine Schiedsvereinbarung nicht eingewendet werden kann, der Hauptvertrag sei ungültig (oder die Schiedsvereinbarung beziehe sich auf einen noch nicht entstandenen Streit). Nur ausnahmsweise schlägt nämlich die Nichtigkeit des Hauptvertrages auf die Schiedsklausel durch – so etwa bei Fehlen der Handlungsfähigkeit einer Partei (jedoch unter Beachtung des erwähnten Art. 177 Abs. 2 IPRG), bei Dissens über den Vertrag oder anderen Willensmängeln. Aber auch Vorbringen in bezug auf das Zustandekommen oder die Nichtigkeit der Schiedsvereinbarung selber sind durch das Schiedsgericht zu prüfen. So hat beispielsweise das Bundesgericht in zwei (noch nicht veröffentlichten) Urteilen vom September 1993 entschieden, dass ein Schiedsgericht in der Schweiz auf eine Rechtsstreitigkeit einzutreten habe, selbst wenn von einer der Parteien behauptet wird, der Vertrag sei wegen Schmiergeldzahlungen bzw. Schmiergeldversprechen nicht zustandegekommen bzw. ungültig[14]. Die Selbständigkeit der Schiedsklausel erlaube es vielmehr, die Frage der Gültigkeit sowie die Aspekte eines etwaigen Miss-

---

[14] Vgl. Neue Zürcher Zeitung Nr. 285 vom 7. Dezember 1993, 34.

brauchs der Vertretungsmacht sowie allfälliger Willensmängel durch das Schiedsgericht entscheiden zu lassen.

Ähnlich hat das Bundesgericht entschieden in bezug auf einen Fall, bei dem es um Lieferungen von Kriegsmaterial in den Irak sowie damit zusammenhängende Zahlungen an einen Agenten ging[15]. Gegen ein Verfahren vor einem Genfer Schiedsgericht hatten die beklagten italienischen Parteien geltend gemacht, aufgrund der Embargo-Resolutionen des UN-Sicherheitsrates von 1990 und 1991 gegen den Irak sei das Schiedsgericht wegen fehlender Schiedsfähigkeit der Ansprüche unzuständig. Die Bejahung der Zuständigkeit durch das Schiedsgericht wurde durch das Bundesgericht geschützt. Im Hauptpunkt wies dieses zu Recht die Argumentation zurück, wonach schon bei der Bestimmung der Schiedsfähigkeit allfälligen ausländischen Eingriffsnormen Rechnung zu tragen sei. Für dieses Stadium wurde in Übereinstimmung mit einem Grossteil der Lehre festgehalten, dass hier von zwingenden Verbots- und sonstigen Einschränkungsnormen abzusehen sei. Darüber müsse selbständig – nämlich im Rahmen der Hauptanknüpfung der vertragsrechtlichen Ansprüche sowie bei der Prüfung einer Sonderanknüpfung von Eingriffsnormen – befunden werden. Schliesslich verwarf das Bundesgericht die Argumentation, wonach die Schiedsfähigkeit bzw. die Durchführung des Schiedsverfahrens überhaupt abzulehnen seien, weil die spätere Vollstreckbarkeit eines Schiedsurteils ungewiss sei. Nach gerichtlicher und zutreffender Auffassung obliegt es den Parteien, die Aussichten in bezug auf ein späteres Vollstreckungsverfahren zu beurteilen. Nichts anderes hat für Fälle internationaler Joint Venture zu gelten.

Einen weiteren wichtigen – namentlich auch für den vorliegenden Zusammenhang interessierenden – Fall zur Gültigkeit und zum Inhalt einer Schiedsvereinbarung sowie zur sachlich-funktionellen Zuständigkeit von Schiedsgerichten hat das Bundesgericht am 28. April 1992 entschieden[16]. In casu hatte das angerufene Schiedsgericht seine Zuständigkeit soweit verneint, als es um die Anwendung bzw. Nicht-Anwendung von Art. 85 des EWG-Vertrages ging. Das Schiedsgericht hatte es gemäss Sachverhalts- und Verfahrensdarstellung im BGE abgelehnt, den strittigen Vertrag auf die

---

[15] BGr. 23. Juni 1992, BGE 118 II 353.
[16] BGE 118 II 193.

Vereinbarkeit mit Art. 85 EWGV zu überprüfen und insonderheit das Verfahren auszusetzen, bis die EG-Kommission ihr verwaltungsmässiges Verfahren zu Ende gebracht hätte. Soweit das Bundesgericht auf die Beschwerde eintrat, hob es den schiedsgerichtlichen Entscheid auf und verpflichtete das Schiedsgericht zur Überprüfung der Vereinbarkeit des zwischen den Parteien abgeschlossenen Vertrages mit dem EWG-Vertrag und in bezug auf seine Gültigkeit überhaupt. Ähnlich wie im vorher referierten Entscheid hielt das Bundesgericht fest, Art. 177 IPRG regle die Schiedsfähigkeit materiell und löse damit die Frage derselben von dem in der Sache letztlich zuständigen Vertragsstatut. Vorliegend ist überdies bemerkenswert, dass nach höchstrichterlicher Auffassung selbst eine ausschliessliche Beanspruchung der Jurisdiktion durch Art. 85 EWGV für staatliche Gerichte in bezug auf die Kognitionsbefugnis des Schiedsgerichts nicht unmittelbar gelten könne. Allenfalls wäre eine zur Anwendungsnorm von Art. 19 IPRG analoge Sonderanknüpfung durchzuführen. Da das "Eingriffsstatut" des Art. 85 EWGV eine Zuständigkeit von staatlichen Gerichten und Schiedsgerichten indessen nicht ausschliesst, hielt das Bundesgericht zu Recht dafür, dass im Schiedsgerichtsverfahren die Überprüfung der Vereinbarkeit mit Art. 85 EWGV und sonstigen Ordnungsnormen erfolgen müsse. Insofern hat sich das Schiedsgericht inhaltlich mit entsprechenden Rechtsbegehren auseinanderzusetzen. Im Bereich der Joint Venture sind dabei die Spruchpraxis und die Richtlinien zu beachten, die von den EG-Instanzen – namentlich durch die Europäische Kommission – ergangen sind[17].

Eine andere Frage ist es natürlich, wie bei der sachlichen Beurteilung des Falles zu entscheiden ist. Hierbei stellt sich insbesondere die umstrittene und heftig diskutierte Frage, ob und inwieweit im Rahmen von Art. 187 IPRG (anwendbares Recht) ebenfalls die Sonderanknüpfungsnorm des Art. 19 IPRG mit zu berücksichtigen wäre. Wird die Frage positiv beantwortet – oder wird ein ähnliches Verfahren gestützt auf eine ungeschriebene

---

[17] Siehe Bekanntmachung der Kommission über die Beurteilung kooperativer Gemeinschaftsunternehmen nach Artikel 85 des EWG-Vertrags, in: ABl EG Nr. C 43/2 vom 16. Februar 1993.

international anerkannte Norm vorgeschlagen[18] –, so kann es sehr wohl sein, dass das Schiedsgericht Art. 85 EWGV – sei es als mittelbaren Bestandteil des Vertragsstatuts, sei es als sogenanntes Drittstaatrecht – zu berücksichtigen hat. Dies leitet aber bereits über zu dem in der Sache anwendbaren Recht.

3. Anwendbares Recht (Verweisung)

Nach Art. 187 IPRG entscheidet das Schiedsgericht eine Streitsache in erster Linie nach dem von den Parteien *gewählten Recht*. Gemäss Absatz 2 von Artikel 187 IPRG können die Parteien das Schiedsgericht ermächtigen, "nach Billigkeit zu entscheiden". Mitunter mag eine solche Klausel nützlich sein, zumal wenn sich die Parteien auf ein bestimmtes Recht nicht einigen können. Allerdings darf nicht verkannt werden, dass das Entscheidungsverhalten eines "amiable compositeur" kaum prognostiziert werden kann. Entsprechend ist es schwierig, sich auf konkrete Rechtspflichten einzustellen. Jedenfalls wird man in einem solchen Fall nicht darum herumkommen, die einzelnen Rechte und Pflichten der Parteien im schriftlichen Vertragswerk eingehend und ausdrücklich zu benennen.

Fehlt eine Rechtswahl, so ist gemäss Art. 187 Abs. 1 IPRG nach jenem Recht zu entscheiden, "mit dem die Streitsache am engsten zusammenhängt". Streitig ist hierbei, ob und inwieweit sich ein Schiedsgericht für die Konkretisierung des "engsten Zusammenhangs" an den allgemeinen und besonderen Kollisionsnormen des IPR-Gesetzes (ausserhalb des 12. Kapitels) orientieren soll. Verwehrt ist dies einem Schiedsgericht zweifellos nicht. Entsprechend hält Art. 4 Abs. 2 der Internationalen Schiedsgerichtsordnung der *Zürcher Handelskammer* dazu an, bei Fehlen einer Rechtswahl nach jenem Recht zu entscheiden, "welches aufgrund der Regeln des IPRG anzuwenden ist"[19]. Tendenziell werden Schiedsgerichte im Rahmen von Art.

---

[18] Siehe z.B. F. KNOEPFLER, *L'article 19 LDIP est-il adapté à l'arbitrage international?*, in: Festschrift Pierre Lalive, Basel/Frankfurt am Main 1993, 531-541, 540 f.

[19] Kritisch dazu LALIVE/POUDRET/REYMOND, *Le droit de l'arbitrage*, Lausanne 1989, 391 f.

187 IPRG über ein grösseres Anknüpfungsermessen verfügen, als dem staatlichen Richter zukommt. Freilich ist zu beachten, dass auch dem letzteren durch General- und Ausweichklauseln des Gesetzes erhebliche Subsumptions- und Anwendungsspielräume eröffnet sind.

Hinzuweisen bleibt, dass das Anwendungsergebnis in der Regel einer Überprüfung durch das Bundesgericht verschlossen bleibt (Art. 190 Abs. 2 IPRG). Auch das Bundesgericht selbst auferlegt sich – abgesehen von Fragen der Schiedsfähigkeit und der Zuständigkeit – grosse Zurückhaltung. Was den Inhalt von Schiedsentscheiden betrifft, sind namentlich klare Rechtsverletzungen und offensichtlich falsche Tatsachenfeststellungen allein nicht geeignet, den Ordre public zu verletzen. Ein Verstoss gegen die öffentliche Ordnung liegt nur vor, wenn bei der Rechtsanwendung fundamentale Rechtsgrundsätze (wie Vertragstreue, Vertrauensgrundsatz, Diskriminierungsverbot) missachtet werden[20].

IV. Anerkennung und Vollstreckung ausländischer Entscheidungen

Artikel 25 ff. IPRG und Artikel 25 ff. Lugano-Übereinkommen enthalten die allgemeinen Voraussetzungen, bei deren Vorliegen ausländische Entscheidungen in der Schweiz vollstreckt werden können. Dazu bedarf es der Anerkennung der internationalen Zuständigkeit des ausländischen Gerichts durch die Schweiz. Soweit sich ausländische Gerichte aus Vertragsstaaten gestützt auf das Lugano-Übereinkommen für zuständig erklären, sind diese Gerichtsstände (von Ausnahmen abgesehen) durch den schweizerischen Anerkennungsrichter ohne Überprüfung zu anerkennen. Eine Ausnahme ergibt sich mit Bezug auf den Gerichtsstand des *Erfüllungsortes* (Art. 5 Ziff. 1 LugÜ), nachdem die Schweiz im Protokoll Nr. 1 zum Übereinkommen einen entsprechenden Vorbehalt angebracht hat (vgl. Art. Ia). Voraussetzung

---

[20] BGE 117 II 604: keine Anfechtbarkeit einer Entscheidung über die in einem Joint Venture-Verhältnis getroffene Auflösungsvereinbarung.

ist allerdings, dass die beklagte Partei zum Zeitpunkt der Einleitung des Verfahrens ihren Wohnsitz bzw. Sitz in der Schweiz hatte. Für Gesellschaften wird in dem Vorbehalt darüber hinaus klargestellt, dass eine solche nicht nur ihren statutarischen Sitz, sondern auch den *tatsächlichen Mittelpunkt ihrer Tätigkeit in der Schweiz* haben muss. Urteile am ausländischen Erfüllungsort gegen schweizerische Joint Venture-Gesellschaften sind daher anerkennungsfähig, soweit die tatsächliche Verwaltung der Gesellschaft im Ausland erfolgt. Insoweit ergibt sich hier eine bemerkenswerte Abweichung von der Inkorporationstheorie. Im weiteren ist es denkbar, dass schweizerische Parteien auf den durch den Vorbehalt gemäss Protokoll Nr. 1 zum Ausdruck gebrachten Schutz verzichten. Ein solcher Verzicht kann bereits im Zusammenarbeitsvertrag festgeschrieben werden.

Weitere Anerkennungs- und Vollstreckungsvoraussetzungen sind die Rechtskraft bzw. Endgültigkeit der Entscheidung sowie die Abwesenheit von Verweigerungsgründen (insbesondere kein Verstoss gegen den Ordre public). Abgesehen von diesen Rechtsfragen sowie der zuvor erörterten internationalen Zuständigkeit der ausländischen Instanzen darf ein Entscheid in der Sache nicht mehr überprüft werden (Art. 27 Abs. 3 IPRG; Art. 29 LugÜ). Abweichungen von diesem Grundsatz bzw. Korrekturen mit Rücksicht auf den inländischen Ordre public können sich ergeben, wenn qualifiziert zwingende Bestimmungen des Inlandes (Art. 18 IPRG) durch ein ausländisches Gericht oder Schiedsgericht nicht beachtet werden. Gleiches gilt *mutatis mutandis* für schweizerische Urteile, die später im Ausland zu vollstrecken sind. Zu denken ist namentlich an die Nichtanwendung von Wettbewerbs-, Börsen-, Embargo- oder sonstigen Marktrechts.

Für die Anerkennung und Vollstreckung von *Schiedssprüchen* gilt das einschlägige New Yorker Übereinkommen (vom 10. Juni 1958). Das durch Art. 194 IPR-Gesetz "erga omnes" gewordene Übereinkommen setzt für die Schweiz nicht mehr voraus, dass ein Schiedsspruch in einem Vertragsstaat ergangen sein muss. Der seinerzeit zu Art. I Abs. 3 Satz 1 des Staatsvertrages angebrachte Vorbehalt ist nunmehr auch formell zurückgezogen worden[21].

---

[21] Vgl. BBl 1992 II 1182, 1184 ff., AS 1993 2434, 2439.

EG-kartellrechtliche Behandlung von Joint Venture*

Christian J. Meier-Schatz

Inhaltsverzeichnis

I.	Einleitung und Übersicht	107
II.	Bedeutung von Kooperationen, Joint Venture und des Europäischen Wettbewerbsrechts	108
III.	Rechtsquellen	110
	1. Primärrecht	110
	2. Sekundärrecht	111
	a) Gruppenfreistellungsverordnungen	111
	b) Erweiterung und Ergänzung der Gruppenfreistellungsverordnungen	112
	c) Fusionskontrollverordnung	112
	3. Bekanntmachungen und Mitteilungen	112
	a) Bekanntmachung über Kooperations- und Konzentrationstatbestände	112
	b) Bekanntmachung über kooperative Gemeinschaftsunternehmen	113
IV.	Begriff des Joint Venture	113
	1. Einleitung	113
	a) Unternehmen	114
	b) Kontrolle durch andere Unternehmen	114
	c) Gemeinsame Ausübung der Kontrolle	115

* Meinem Assistenten, Herrn lic.iur. Christoph Büchel, danke ich herzlich für die überaus wertvolle Mithilfe bei der Abfassung dieses Beitrages. Meinen beiden Sekretärinnen, Frau Doris Zollinger und Frau Graziella Leuthold-Veronesi, bin ich für die wie immer vorzügliche (diesmal aber besonders anspruchsvolle) Betreuung des Manuskripts dankbar. Verpflichtet bin ich überdies Frau Anneliese Khan für ihren Beitrag zur Kontrolle des endgültigen Drucktextes.

V.	**Abgrenzung zwischen konzentrativen und kooperativen Joint Venture**	117
	1. Bedeutung und Problematik	117
	a) Strengere Auf- und Eingriffkriterien	118
	b) Freistellungsordnung	119
	c) Verfahren	119
	d) Rechtssicherheit	120
	2. Durchführung der Abgrenzung	121
	a) Positive Bedingungen	122
	b) Negative Bedingung	124
VI.	**Materielle Beurteilung von kooperativen Joint Venture im allgemeinen**	125
	1. Ausgangslage	125
	2. Beurteilung durch die Kommission	128
	a) Vom Kartellverbot ausgenommene Joint Venture	129
	aa) Joint Venture, deren Gründer zu demselben Konzern gehören	129
	bb) Fehlende Spürbarkeit	129
	cc) Wahrnehmung wettbewerbsneutraler Aufgaben	129
	dd) Joint Venture unter Nichtwettbewerbern	130
	b) Unter Artikel 85 Absatz 1 EWGV fallende Joint Venture	130
	aa) Beziehungen zwischen den Gründern	131
	bb) Beziehungen zwischen den Gründern und dem Joint Venture	133
	cc) Auswirkungen auf die Stellung Dritter	134
	c) Feststellung der Marktmacht	134
	d) Netze von Gemeinschaftsunternehmen	135
VII.	**Beurteilung der wichtigsten Arten von Joint Venture (mit Beispielen)**	136
	1. Joint Venture unter Nichtwettbewerbern	136

2. Joint Venture unter Wettbewerbern 136
   a) Einleitung 136
   b) Gruppenfreistellung 137
      aa) Spezialisierungsvereinbarungen 138
      bb) FuE-Vereinbarungen 139
      cc) Patentlizenz- und Know-how-Vereinbarungen 139
   c) Einzelfreistellung 140
3. Nebenabreden 142
4. Beispiele einzelner Arten von Joint Venture und deren Beurteilung nach Artikel 85 Absatz 1 EWGV bzw. Freistellung nach Artikel 85 Absatz 3 EWGV (mit ausgewählten Fällen) 145
   a) FuE-Joint Venture 145
   b) Verkaufs-Joint Venture 147
   c) Einkaufs-Joint Venture 148
   d) Produktions-Joint Venture 149
   e) Vollfunktions-Joint Venture 150

VIII. Schlussbemerkungen 153

Literatur 158

I. Einleitung und Übersicht

Der vorliegende Beitrag will vorab den Leser in die (höchst komplexen) Regeln des Europäischen Kartellrechts einführen, denen man bei der Vertragsgestaltung hinsichtlich einem Joint Venture (JV) gegenübersteht. Möglich ist hierbei weder eine flächendeckende materielle Erörterung des Wettbewerbsrechts im Bereiche der Gemeinschaftsunternehmen (GU) noch eine vertiefte analytische (einschliesslich wettbewerbstheoretische) Abhandlung. Das Ziel systematischer Information steht über demjenigen kritischer Untersuchung.

Zu diesem Zwecke wird zunächst die Bedeutung von Kooperationen, JV und des sie regelnden Europäischen Kartellrechtes unterstrichen. Alsdann ist der Begriff des JV (bzw. des GU) darzustellen mit einem Schwergewicht auf dem (europakartellrechtlich besonders relevanten) Begriffspaar "konzentratives" bzw. "kooperatives" JV. Fraglos im Zentrum der Ausführungen steht die materielle Beurteilung von kooperativen JV. Dazu erfolgt vorab eine grundsätzliche Darstellung des geltenden Rechtes, gefolgt von einer Übersicht über die die wichtigsten wirtschaftlichen Typen von JV beschlagenden Rechtsregeln. Den Abschluss bildet eine kurze Zusammenfassung mit praktischen Folgerungen und Aussichten.

II. Bedeutung von Kooperationen, Joint Venture und des Europäischen Wettbewerbsrechts

Die Bedeutung von Kooperationen und JV ist für jedermann notorisch. Die Internationalisierung, ja Globalisierung der Märkte[1], stimuliert durch die Schaffung eines homogenen Europäischen Wirtschaftsraumes, bedingt andere Formen des Wirtschaftens. Transnationale Zusammenarbeit verlangt nach alternativen Handlungsstrategien, unter denen die Kooperation in Form eines JV als strategische Variante herausragt[2]. Eine solche Zusammenarbeit in Form eines GU kann in den vielfältigsten Formen ablaufen[3].

---

[1] Vgl. neuerdings insb. XXII. BERICHT ÜBER DIE WETTBEWERBSPOLITIK 1992, 15; siehe ausserdem GROGER/JANICKI, *Weiterentwicklung des Europäischen Wettbewerbsrechts*, 1002 f.; MEESSEN, *Gemeinschaftsunternehmen im EWG-Wettbewerbsrecht*, 901 f., der beispielhaft die drastische Verkürzung der Produktezyklen in der Mikroelektronik hervorhebt; ebenso BASEDOW/JUNG, *Strategische Allianzen*, 5 mit weiteren Hinweisen.

[2] Zu den betriebswirtschaftlichen Motiven vgl. etwa OERTLE, *Das Gemeinschaftsunternehmen (Joint Venture) im schweizerischen Recht*, 10 f. Über das Management solcher GU (statt aller) BLEICHER/HERMANN, *Joint-Venture-Management*, sowie STAUDT, *Kooperationshandbuch*. Vgl. auch BASEDOW/JUNG (FN 1), 4 ff., zu den Motiven für strategische Allianzen.

[3] LOHSE, *Kartellrechtliche Gemeinschaftsunternehmen im europäischen Wettbewerbsrecht*, 7. Eine Aufzählung verschiedener Gestaltungsmöglichkeiten findet man in der Bekanntmachung der Kommission über die Beurteilung kooperativer Gemeinschafts-

Der Kooperationstypus des JV weist erhebliche Vorteile auf. Er bildet namentlich für mittlere und kleinere Unternehmen oft die einzige Möglichkeit, grenzüberschreitend wirksam wachsen zu können[4]. Denn häufig fehlen ihnen schlichtweg die finanziellen Mittel, um eigene Neugründungen oder fremde Akquisitionen vorzunehmen[5]. Die betriebswirtschaftlichen Verwendungsmöglichkeiten von JV erweisen sich als nahezu unbegrenzt[6]. Entsprechend umfangreich ist deren praktischer Einsatz in der Unternehmenspraxis[7].

Dass nicht nur das JV als reales Phänomen, sondern auch das dieses umgebende rechtliche Umfeld einen hohen Stellenwert hat, ist heute unbestritten. Einen besonders wichtigen Eckpfeiler des regulatorischen Werkes bildet mittlerweile das Kartellrecht[8]. Wie zu zeigen sein wird, sticht unter allen Wettbewerbsrechten das Europäische an Bedeutung fraglos heraus[9]. Durch eine dichte Regulierung in Form von Verordnungen, Bekanntmachungen und Einzelentscheiden hat sich ein hochgradig ausdifferenziertes Netz von Normen entwickelt, das der Praktiker bei der Vertragsgestaltung beachten muss. Dies gilt auch (und gerade) für Schweizer Berater, da die Anwendung der Europäischen Wettbewerbsvorschriften bekanntlich nicht vom Domizil der kooperierenden Partner, sondern von den Auswirkungen von deren

---

unternehmen nach Artikel 85 des EWGV vom 16. Februar 1993, ABl 1993, Nr. C 43, 2 ff. (nachstehend BM 1993), Ziff. 1, 2, und bei SCHERF, *Kooperative Gemeinschaftsunternehmen im europäischen Wettbewerbsrecht*, 297. Bei MEESSEN (FN 1), 901 f., findet man eine kurze Gegenüberstellung der Handlungsalternativen "Errichtung eines GU", "Austauschverträge" und "Zusammenschlüsse".

[4] Verschiedene Wachstumsstrategien und deren Evaluation sind dargestellt bei KURMANN, *Akquisitionen, Fusionen und strategische Allianzen*.

[5] Zu weiteren Nachteilen von Zusammenschlüssen vgl. MEESSEN (FN 1), 901 f.

[6] G/T/E-SCHRÖTER, Art. 85 - Fallgruppen, RN 166. Siehe z.B. LOHSE (FN 3), 7.

[7] Siehe auch die Hinweise bei STAUDT (FN 2), 47 f.

[8] Für das deutsche Kartellrecht siehe etwa die Abhandlung von WIEDEMANN, *Gemeinschaftsunternehmen im deutschen Kartellrecht*, sowie NIEDERLEITHINGER/HELD, *Kartellrechtspraxis*, 30 f.

[9] Gl.M. BASEDOW/JUNG (FN 1), 126.

Absprachen auf dem europäischen Markt abhängt[10]. Wie jeder weiss, gibt es nur wenige Unternehmen, die grenzüberschreitend sich entfalten, ohne den europäischen Markt zu berühren. Die Aktualität der Thematik für Schweizer Unternehmen ist somit zweifelsfrei erstellt.

III. Rechtsquellen

Wer sich mit den europakartellrechtlichen Regeln über JV auseinandersetzt, wird die folgenden Rechtsquellen konsultieren müssen:

1. Primärrecht

Wichtigste *allgemeine* Kartellrechtsnorm ist Art. 85 EWGV. Auf deren Grundlage hat die Kommission für Jahrzehnte über JV (insbesondere auf kooperativer Basis) judiziert[11]. Als weitere Primärnorm ist zudem Art. 86 EWGV hinsichtlich Missbrauch einer beherrschenden Stellung im Auge zu behalten[12].

---

[10] Obwohl der Europäische Gerichtshof sich nur dem Sinne (nicht aber der Terminologie) nach zum Auswirkungsprinzip bekannte, herrscht heute in Literatur und Rechtsprechung kein Zweifel, dass dieses als Grundmaxime der territorialen Anwendung gilt. Vgl. dazu etwa die Ausführungen bei MEIER-SCHATZ, *Der selektive Vertrieb im EWG-Kartellrecht*, Bd. 2, 178 ff.; VAN BAEL/BELLIS, *Competition Law of the EEC*, 41 f. und 65 f.; GOYDER, *EC Competition Law*, 106 f.; EMMERICH, *Kartellrecht*, 511 f.; GRABITZ-KOCH, *Kommentar zum EWG-Vertrag*, vor Art. 85, Nr. 11-18, GROEBEN/THIESING/EHLERMANN (MENG), *Kommentar zum EWG-Vertrag 1991*, zu den Artikeln 85 bis 89, RN 32 ff., alle mit weiterführenden Hinweisen.

[11] Zur "alten" Praxis der EG-Kartellrechtsbehörden hinsichtlich Gemeinschaftsunternehmen siehe etwa MÄLZER, *Die Stellung von Gemeinschaftsunternehmen im europäischen Wettbewerbsrecht*, 707 ff.; BOS/STUYCK/WYTINCK, *Concentration Control in the European Economic Community*, 3-040 f., sowie die umfassenden Ausführungen von ILIOPOULOS, *Gemeinschaftsunternehmen im EGKS- und EWG-Kartellrecht*.

[12] Vor Inkrafttreten der Fusionskontrollverordnung (nachstehend FKVO) wurden Marktstrukturtests i.S. Fusionen teils auf der Grundlage von Art. 86 EWVG abgehandelt.

2. Sekundärrecht

a) Gruppenfreistellungsverordnungen

JV beschlagen nicht selten die funktionale Vergemeinschaftung bestimmter unternehmerischer Teilbereiche wie Produktion, Forschung und Entwicklung (FuE), Know-how-Austausch usw. Gerade hinsichtlich solcher Zusammenarbeitsformen hat die Kommission eine Reihe von Gruppenfreistellungsverordnungen (nachstehend GFVO) erlassen, die – wenn vom jeweiligen Anwendungsbereich abgedeckt – auch für JV von höchster Bedeutung sind. Im einzelnen handelt es sich namentlich um die folgenden Erlasse:

- Verordnung Nr. 417/85 über Spezialisierungsvereinbarungen[13]
- Verordnung Nr. 418/85 über Vereinbarungen im Bereiche von FuE[14]
- Verordnung Nr. 2349/84 über Patentlizenzvereinbarungen[15]
- Verordnung Nr. 151/93 über Know-how-Vereinbarungen[16].

Bei der Beurteilung von JV ist namentlich zu beachten, dass man diese GFVO sowie die damit verknüpfte Rechtsprechung immer dann mitzuberücksichtigen hat, wenn das jeweilige JV in den Geltungsbereich einer dieser speziellen Erlasse fällt[17].

Diese rechtliche Basis ist mittlerweile zufolge der FKVO weitestgehend redundant geworden. Immerhin ist im Auge zu behalten, dass Art. 86 EWGV noch immer dann zur Anwendung gelangen könnte, wenn sich die Gründung eines GU als strategisch wettbewerbsbeschränkende Vorkehr eines marktbeherrschenden Unternehmens entpuppt. Vgl. den legendären Entscheid Continental Can, ABl 1972, Nr. L 7, 25 ff., und neuerdings Gillette/Wilkinson Sword, ABl 1992, Nr. L 116, 21 ff., wo Art. 86 EWGV auf eine Minderheitsbeteiligung eines marktbeherrschenden Unternehmens an seinem Hauptkonkurrenten angewendet wurde.

[13] ABl 1985, Nr. L 53, 1 ff.
[14] ABl 1985, Nr. L 53, 5 ff.
[15] ABl 1984, Nr. L 219, 15 ff., berichtigt in ABl 1985, Nr. L 280, 32 ff.
[16] ABl 1989, Nr. L 61, 1 ff.
[17] Übersichten über die einschlägigen Regeln der verschiedenen GFVO bieten namentlich die (auch für Praktiker wertvollen) Werke von WIEDEMANN (FN 8) *Kommentar*

b) **Erweiterung und Ergänzung der Gruppenfreistellungsverordnungen**

In der Verordnung Nr. 151/93[18] hat die Kommission den Anwendungsbereich der oberwähnten GFVO in einem (auch für JV bedeutsamen) Ausmass ausgeweitet.

c) **Fusionskontrollverordnung**

Die Fusionskontrollverordnung (FKVO[19]) befasst sich an sich mit dem Zusammenschluss von Unternehmen. Immerhin enthält – wie unten noch einlässlich zu zeigen ist – Art. 3 Abs. 2 eine ausserordentlich wichtige Aussage zur Abgrenzung zwischen kooperativen und konzentrativen JV[20].

3. Bekanntmachungen und Mitteilungen

a) **Bekanntmachung über Kooperations- und Konzentrationstatbestände**

Im Jahre 1990 hat die Kommission zwei wichtige Bekanntmachungen über Kooperations- und Konzentrationstatbestände (nachstehend BM 1990) bzw. über Nebenabreden bei Zusammenschlüssen erlassen[21]. Beide sind abermals von Belang für die Auseinanderhaltung von kooperativen und konzentrativen GU.

---

zu den Gruppenfreistellungsverordnungen des EWG-Kartellrechts bzw. BUNTE/ SAUTER, *Die Gruppenfreistellungsvereinbarungen im EWG-Kartellrecht.*

[18] ABl 1993, Nr. L 21, 8 ff. (nachstehend Vo Nr. 151/93). Siehe dazu auch unten VII/2/b.

[19] Berichtigte Fassung in ABl 1990, Nr. L 257, 14 ff.

[20] Einzelheiten vgl. unten V.

[21] ABl 1990, Nr. C 203, 10 ff. bzw. 5 ff.

b) Bekanntmachung über kooperative Gemeinschaftsunternehmen

Schliesslich hat die Kommission 1993 eine im Kontext zentrale Bekanntmachung (nachstehend BM 1993) zur Anwendung von Art. 85 Abs. 1 und 3 EWGV auf kooperative GU veröffentlicht[22]. Sie bestätigt weithin die bisherige Kommissionspraxis und bekundet mit dem Ziel der Erhöhung der Rechtssicherheit, wie die Kommission in Zukunft kooperative JV kartellrechtlich zu behandeln gedenkt[23].

IV. Begriff des Joint Venture

1. Einleitung

Der Begriff des JV bzw. des GU wird in Wirtschaftspraxis und Rechtswissenschaft ausserordentlich breit verwendet[24]. Das macht nähere Abklärungen darüber nötig, wie denn das EG-Kartellrecht diese wirtschaftlichen und rechtlichen Phänomene begreift[25]. Die FKVO führt zwar den Begriff

---

[22] ABl 1990, Nr. C 43, 2 ff.

[23] Für eine kurze Inhaltsübersicht dieses Erlasses vgl. etwa SCHERF (FN 3), 301 ff.; KIETHE/SCHWAB, *Neue Anwendbarkeit der EG-Fusionskontrollverordnung auf Gemeinschaftsunternehmen*, 314 ff.; XXII. BERICHT ÜBER DIE WETTBEWERBSPOLITIK, Ziff. 294 ff.

[24] LANGEFELD-WIRTH, *Joint Ventures im internationalen Wirtschaftsverkehr*, 1; KIETHE/SCHWAB (FN 23), 314. Vgl. BASEDOW/JUNG (FN 1), 3 f., 18 ff. und insb. 23 ff. zum Begriff der strategischen Allianzen (der sich z.T. mit dem JV-Begriff überschneidet, 17) mit ähnlich gelagerter Problematik.

[25] LANGEFELD-WIRTH (FN 24), 29 ff.; G/T/E-SCHRÖTER (FN 10), Art. 85 - Fallgruppen, RN 161; MEESSEN (FN 1), 902, der Gemeinschaftsunternehmen zwischen Markt und Hierarchie einordnet (vgl. unten VIII); zum Unterschied zwischen dem GU-Begriff nach FKVO und nach Art. 85 EWGV vgl. GLEISS/HIRSCH/BURKERT, *Kommentar zum EG-Kartellrecht*, RN 543; unten V; BASEDOW/JUNG (FN 1), 18 ff.

des GU auf[26], definiert ihn jedoch nicht näher. Die entscheidende Begriffsbestimmung findet man in Ziff. 7 der BM 1990[27], welche JV umschreibt als "Unternehmen, die von mehreren anderen Unternehmen, den Gründerunternehmen, gemeinsam kontrolliert werden". Diese einzelnen Qualifikationsmerkmale sind nunmehr kurz abzuhandeln.

a) Unternehmen

Von selbst versteht sich, dass das JV ein Unternehmen sein muss. Über dieses Begriffselement gibt es wenig zu berichten. Im Visier liegt das Unternehmen als eine organisatorische Zusammenfassung von personellen und sachlichen Mitteln in einem Gebilde mit eigener Rechtspersönlichkeit, mit dem auf Dauer ein bestimmter wirtschaftlicher Zweck verfolgt wird[28].

b) Kontrolle durch andere Unternehmen

Bekanntlich wird ein JV von zwei (oder mehreren) Unternehmen kontrolliert, welche voneinander getrennte Rechts- und Wirtschaftssubjekte sind und bleiben. Der Begriff des Kontrollerwerbs ist breit gefasst und deckt alle Transaktionen ab, "durch die unternehmerisch genutzte Ressourcen unter den bestimmenden Einfluss eines andern Unternehmens gelangen"[29]. Wie dieser Einfluss ausgeübt wird, spielt keine Rolle. Immer wieder aufgeführt

---

[26] Z.B. Art. 3 Abs. 2.

[27] Vgl. die Fundstellen in FN 23; GLEISS/HIRSCH/BURKERT (FN 25), RN 542 ff.; BASEDOW/JUNG (FN 1), 169; BOS/STUYCK/WYTINCK (FN 11), 4-044 ff.

[28] BM 1990, Ziff. 8. Betreffend dem Erfordernis der eigenen Rechtspersönlichkeit bestehen unterschiedliche Meinungen. Wie hier z.B. LOHSE (FN 3), 6; LANGEFELD-WIRTH (FN 24), 28. A.M. G/T/E-SCHRÖTER (FN 10), Art. 85 - Fallgruppen, RN 161; BOS/STUYCK/WYTINCK (FN 11), 4-060.

[29] So z.B. MÄLZER (FN 11), 708. Vgl. ferner (insb. auch zur Unterscheidung zwischen funktioneller und entscheidungsrelevanter Autonomie) PALASTHY, *Les joint ventures en droit européen de la concurrence*, S. 4.

sind (rechtliche und/oder faktische) Einflussmöglichkeiten mittels Eigentums- oder Nutzungsrechten, Einfluss auf die Bestellung der Organe, Stimmrechte sowie Verträge[30].

c) Gemeinsame Ausübung der Kontrolle

Keine Rolle spielt, wie und wann die gemeinsame Kontrolle begründet wird[31]. Indessen ist für das Vorliegen eines JV entscheidend, dass nicht einer der Gründer alleine die Kontrolle ausübt oder ausüben könnte und dass in allen wichtigen Entscheiden die Gründer aufeinander angewiesen sind[32]. Mithin kommt alles darauf an, dass keiner für sich einen bestimmenden Einfluss auszuüben vermag, sonach jeder Gründer die Möglichkeit hat, wichtige Entscheide zu blockieren[33]. Hiebei genügt ein gesellschaftsrechtliches Vetorecht (etwa hinsichtlich Statutenänderungen) nicht. Vielmehr muss die Zustimmung für die Wahl der Geschäftsführung, strategische Planung, Budget, grössere Investitionen usw. vorbehalten bleiben[34].

Bei zwei Gründern ist in der Regel eine hälftige Beteiligung vorgesehen. Hingegen kann auch eine Minderheitsbeteiligung hinreichen, wenn der

---

[30] BM 1990, Ziff. 9 und 10; G/T/E-SCHRÖTER (FN 10), Art. 85 - Fallgruppen, RN 162 ff.

[31] Sie kann durch gemeinsame Gründung wie im Fall BNP/Dresdner Bank (Sache IV/M.021, Entscheidung der Kommission vom 4. Februar 1991) durch einseitigen nachträglichen Erwerb wie im Falle Asko/Omni (Sache IV/M.065, Entscheidung der Kommission vom 21. Januar 1991) oder sogar durch Erwerb eines Drittunternehmens wie im Fall Groupe AG/Ancv (Sache IV/M.018, Entscheidung der Kommission vom 21. November 1990) erfolgen.

[32] Vgl. – mit weiteren Hinweisen – MÄLZER (FN 11), 709. Zum Kontrollbegriff allgemein vgl. GLEISS/HIRSCH/BURKERT (FN 25), RN 545 ff.

[33] Die Kommission stellt die durch zwei paritätisch beteiligte Gründer einvernehmlich geleiteten GU wettbewerbsrechtlich in den Vordergrund. Vgl. BM 1990, Ziff. 13; LOHSE (FN 3), 6.

[34] So insb. SEDEMUND, *Wettbewerbsrechtliche Aspekte von JV*, 4.

Minoritätsaktionär mit zusätzlichen vertraglichen Mitteln abgesichert ist[35]. Bei einer grösseren Anzahl von beteiligten Partnern muss eine "joint control" in dem Sinne vorliegen, dass die einzelnen Unternehmen ihren Einfluss im Verhältnis zueinander und gegenüber den andern abstimmen[36] und durchsetzten können[37]. Unter diesen Umständen begegnet man in der Praxis häufig der Einräumung von Vetorechten[38].

---

[35] Als Beispiel sei der Fall Lyonnaise des Eaux/Brochier (Sache IV/M.076, Entscheidung der Kommission vom 11. Juli 1991) erwähnt, bei dem der eine JV-Partner lediglich über eine Kapitalbeteiligung von 25 Prozent verfügte, der Vertrag aber eine einstimmige Entscheidung für die Entwicklung neuer Produkte oder den Abschluss finanziell bedeutsamer Verträge vorsah.

[36] Zur Unterscheidung zwischen gemeinsamer Kontrolle und Absprache im Sinne von Verhaltenskoordinierung vgl. GLEISS/HIRSCH/BURKERT (FN 25), RN 551.

[37] So MÄLZER (FN 11), 10, mit weiteren Hinweisen. Illustrativ in diesem Zusammenhang etwa der Fall Kelt/American Express (Sache IV/M.112, Entscheidung der Kommission vom 20. August 1991). Hier hatten acht Muttergesellschaften gemeinsam die Kontrolle über die in wirtschaftliche Schwierigkeiten geratene Keltex Petroleum Company übernommen. Die Kommission hat eine gemeinsame Kontrolle deshalb bejaht, weil die Statuten Einstimmigkeit bei Beschlüssen über die strategische Unternehmungsplanung verlangten.

[38] BM 1990, Ziff. 11 ff.; G/T/E-SCHRÖTER (FN 10), Art. 85 - Fallgruppen, 164 ff.

V. Abgrenzung zwischen konzentrativen und kooperativen Joint Venture

1. Bedeutung und Problematik

Die Unterscheidung zwischen konzentrativen und kooperativen JV ist wettbewerbsrechtlich wie transaktionsplanerisch von höchster Bedeutung[39]. Dies zeigt sich namentlich hinsichtlich des je unterschiedlichen kartellrechtlichen Normenkomplexes, welcher in diesem oder jenem Falle spielt. Wird ein JV als konzentrativ eingestuft, stellt es einen Zusammenschluss im Sinne der FKVO dar. Damit unterliegt es auch alleinig der Beurteilung durch die fusionskontrollrechtlichen Regeln[40]. In der Folge geht es in erster Linie um eine wettbewerbsrechtliche Struktur- und nicht um eine kompetitive Verhaltenskontrolle[41].

Für kooperative JV gilt hingegen das (ganz anders geartete) Regulierungsregime von Art. 85 und 86 EWGV[42]. Alles in allem hat man festzuhalten,

---

[39] BASEDOW/JUNG (FN 1), 169, bezeichnen die sachgerechte Differenzierung zwischen konzentrativen und kooperativen Aspekten von GU als "kartellrechtliches Hauptproblem". Ähnlich MEESSEN (FN 1), 903.

[40] Art. 22 Abs. 1 FKVO: "Für Zusammenschlüsse im Sinne des Artikels 3 gilt alleine diese Verordnung." Bezüglich der subsidiären Anwendung von Art. 85 und 86 EWGV auf Zusammenschlüsse, die die Aufgreifkriterien des Art. 1 nicht erreichen, siehe z.B. EINSELE *Auswirkungen der europäischen Fusionskontrollverordnung auf Gemeinschaftsunternehmen*, RN 21 ff.; VEELKEN, *Aspekte der Europäischen Fusionskontrolle*, 32 ff.; RICHTER, *Europäische Fusionskontrolle ausserhalb der Fusionskontrolle*, 91 ff.; BLANK, *Europäische Fusionskontrolle im Rahmen der Artikel 85, 86 des EWG-Vertrages*, 221 ff.; MIERSCH, *Kommentar zur EG-Verordnung Nr. 4064/89 über die Kontrolle von Unternehmenszusammenschlüssen*, 181 ff.; BOS/STUYCK/WYTINCK (FN 11), 5-001 ff.; BASEDOW/JUNG (FN 1), 169 f., 177.

[41] Vgl. zu dieser Unterscheidung z.B. SCHERF, *Konzentrative und kooperative Gemeinschaftsunternehmen im europäischen Kartellrecht*, 245 ff. (mit weiteren Hinweisen). Im gleichen Sinne Erwägung 9 der FKVO sowie Ziff. 1 der BM 1990.

[42] Enthält die Gründung eines JV sowohl konzentrative als auch kooperative Elemente, die ihrerseits trennbar sind, wird auch deren rechtliche Beurteilung aufgeteilt. Vgl. dazu BM 1990, Ziff. 1, und unten VII/3 zu den Nebenabreden.

dass die Beurteilung namentlich nach Art. 85 EWGV wesentlich strenger ausfällt als nach der FKVO. Deshalb spricht man im Zusammenhang mit dem Ausmass der fusionskontrollrechtlichen Toleranz regelmässig vom *Konzentrationsprivileg*[43]. Als Nachteile für kooperative JV springen mithin ins Auge[44]:

a) Strengere Auf- und Eingriffkriterien

Gemäss Art. 85 Abs. 1 EWGV ist grundsätzlich jede spürbare Wettbewerbsbeschränkung untersagt. Nach der Bagatellbekanntmachung in ihrer neusten Version[45] bedarf es bloss gesamthaft eines Marktanteils von fünf Prozent oder eines Totalumsatzes *aller* beteiligten Unternehmen von 200 Mio. ECU. Wesentlich höher sind hingegen die Aufgreifkriterien nach der FKVO. Hier wird ein konzentratives GU bloss dann zum fusionskartellrechtlich relevanten Vorgang, wenn ein Gesamtumsatz der beteiligten Unternehmen von ca. 5 Mia. weltweit bzw. von *je* 250 Mio. ECU auf dem EG-Markt erreicht wird[46]. Zudem greift die Zusammenschlusskontrolle nur ein, falls eine marktbeherrschende Position entsteht oder verstärkt wird[47]. Dies tritt nach der herrschenden Rechtsprechung des Europäischen Gerichtshofes (EuGH)

---

[43] Zu Begriff und/oder Inhalt des Konzentrationsprivilegs vgl. etwa MÄLZER (FN 11), 712, 716 f.; MIERSCH (FN 40), 104 ff.; ROHARDT, *Die europäische Fusionskontrolle beginnt Gestalt anzunehmen*, 380 ff.; GROGER/JANICKI (FN 1), 999; vgl. auch die Fundstellen in FN 44.

[44] Zum folgenden vgl. namentlich SCHERF (FN 3), 300; DRAUZ/SCHROEDER, *Praxis der Europäischen Fusionskontrolle*, 40 ff.; MEESSEN (FN 1), 904.

[45] ABl 1986, Nr. C 231, 2 f. (nachstehend BM 1986). Zur Spürbarkeit allgemein und zur BM 1986 im besonderen vgl. GLEISS/HIRSCH (FN 25), 257 ff.; G/T/E-SCHRÖTER (FN 10), Art. 85, RN 152 ff.; GRABITZ-KOCH (FN 10), Art. 85, RN 98 ff. Zur beschränkten Zweckerreichung und rechtlichen Bindungswirkung der BM 1986 vgl. GLEISS/ HIRSCH/BURKERT (FN 25), RN 263 ff.; BASEDOW/JUNG (FN 1), 139 f.

[46] Art. 1 Abs. 2 FKVO. Die Kommission verzichtete kürzlich auf Vorschläge zur Absenkung der Schwellenwerte. Diskutiert wurden Aufgreifschwellen von 2 Mia. ECU als obere bzw. 100 Mio. ECU als untere Grenze; vgl. EU B 1993, 209 ff.; WuW 1993, 557, 707 f.

[47] Art. 2 Abs. 3 FKVO.

erst ein, wenn Marktanteile von mindestens 40 Prozent erreicht oder überschritten sind[48]. Diese Differenzierung ist gerade für Schweizer Unternehmen von höchstem Belang, die häufig über nicht unbeträchtliche Marktanteile und Umsatzvolumina verfügen, ohne aber in die Aufgreifdimensionen der FKVO vorzustossen.

b) Freistellungsordnung

JV fallen grundsätzlich unter keine GFVO. Immerhin ist mit der geschilderten Ausdehnung der vier wichtigsten Gruppenfreistellungserlasse der Rechtszustand für kooperative JV nunmehr verbessert worden[49]. Falls keine dieser Verordnungen Anwendung findet, bleibt allein eine (zeitlich erst noch begrenzte) Einzelfreistellung nach Art. 85 Abs. 3 EWGV offen[50]. Zwar kennt auch die FKVO keine generellen Freistellungsregeln; indessen findet automatisch (anhand einer breiten Palette von Beurteilungskriterien) eine kartellrechtliche Kontrolle darüber statt, ob durch den Zusammenschluss "wirksamer Wettbewerb im gemeinsamen Markt oder einem wesentlichen Teil desselben erheblich behindert wird"[51].

c) Verfahren

Für konzentrative JV ist ein sehr speditives Verfahren in der FKVO vorgesehen. Innerhalb von einem Monat hat die Kommission darüber zu entscheiden, ob sie den Fall überhaupt aufgreifen will, während nach

---

[48] Vgl. zur Rechtsprechung des EuGH über marktbeherrschende Unternehmen etwa United Brands, Slg. 1978, 107, 290; Hoffmann-La Roche, Slg. 1979, S. 461, 527 f.; AKZO Chemie, Slg. 1991, 3359, 3380 ff.

[49] Vgl. dazu oben FN 18 und den XXII. BERICHT ÜBER DIE WETTBEWERBSPOLITIK, Ziff. 265 ff.

[50] Vgl. Art. 8 Abs. 1 Verordnung Nr. 17 (Erste Durchführungsverordnung zu den Artikeln 85 und 86, ABl 1962, Nr. 13, 204); SCHERF (FN 3), 297. Zur Freistellungsordnung allgemein GLEISS/HIRSCH/BURKERT (FN 25), RN 1833 ff., 1855 ff.; G/T/E-SCHRÖTER (FN 10), Art. 85, RN 199 ff.; VAN BAEL/BELLIS (FN 10), 46 ff.

[51] Art. 2 Abs. 3 FKVO. Der Kriterienkatalog ist namentlich aufgelistet in Abs. 1 lit. b.

weiteren vier Monaten der Befund über ein allfälliges Verbot vorliegen muss[52]. Freistellungsverfahren nach Art. 85 Abs. 3 EWGV können indessen sehr lange dauern[53]. Immerhin hat sich die Kommission mittlerweile auch für kooperative JV gewisse zeitliche Verfahrenszwänge (freiwillig) auferlegt[54], "um das bestehende Ungleichgewicht zwischen konzentrativen und kooperativen Gemeinschaftsunternehmen auszugleichen"[55].

d) Rechtssicherheit

Falls die FKVO bei konzentrativen JV eingreift, findet keine Doppelkontrolle durch nationale Kartellbehörden oder durch die Kommission unter Art. 85 EWGV statt[56]. Fällt sonach ein konzentratives JV unter die FKVO und wird entweder von der Kommission als nicht wettbewerbsbeschränkend qualifiziert oder mit einem wettbewerbsrechtlich günstigen Attest ausgestattet, dürfen die nationalen Kartellbehörden nicht mehr eingreifen. Verzichtet indessen die Kommission auf eine Untersuchung eines kooperativen JV unter Art. 85 EWGV, mag noch immer ein einzelstaatliches Verfahren eingeleitet werden. Selbst bei Beurteilung eines kooperativen JV unter Art. 85 EWGV begnügt sich die Kommission häufig mit dem Erlass von "comfort

---

[52] Vgl. Art. 10 Abs. 1 und 4 FKVO. Abs. 6 stellt bei nach vier Monaten ausstehendem Kommissionsbefund eine Genehmigungsvermutung auf. Vgl. für Einzelheiten aus dem Schrifttum stellvertretend BOS/STUYCK/WYTINCK (FN 11), 4-157 ff., insb. 4-234 ff.; MIERSCH (FN 40), 143 ff.

[53] Z.B. Saint Gobin/Asahi Glass, ABl 1993, Nr. C 111/6 (2 Jahre); vgl. etwa den Kommentar zur Verfahrensdauer in ST. GALLER EUROPARECHTSBRIEFE (EU B), 94, sowie bei PALASTHY (FN 29), 3 f.

[54] Es gibt ein (der FKVO nachgebildetes) zweistufiges Verfahren. Innerhalb von zwei Monaten kann ein JV mit einem (positiven) "comfort letter" oder einem (negativen) "warning letter" rechnen. Für einen förmlichen Entscheid gibt die Kommission wenigstens einen Zeitplan bekannt. Siehe EG-Pressemitteilung IP(92)1009. Vgl. dazu auch den XXII. BERICHT ÜBER DIE WETTBEWERBSPOLITIK, Ziff. 122 ff.; PALASTHY (FN 29), 5; SCHERF (FN 3), 304, dessen Verbesserungsvorschläge noch weiter gehen.

[55] XXII. BERICHT ÜBER DIE WETTBEWERBSPOLITIK, Ziff. 298.

[56] Siehe dazu (statt aller) MÄLZER (FN 11), 716 ff; SCHERF (FN 41), 246 f.

letters", welche alsdann die Gerichte der Mitgliedstaaten ebenfalls nicht binden.

Die Differenzierung zwischen kooperativen und konzentrativen JV selber bleibt sehr problematisch. Trotz der in Art. 3 Abs. 2 FKVO vorgenommenen Abgrenzung[57] und trotz der in der BM 1990 vollzogenen Konkretisierung besteht bis heute keine eindeutige Trennlinie[58]. Per Saldo lassen sich lediglich zwei Diagnosen anstellen: Zum einen hat die BM 1990 den Kreis der konzentrativen JV recht eng ausgegrenzt[59], zum andern wurden die meisten nach der FKVO angemeldeten GU als konzentrative JV eingestuft[60].

2. Durchführung der Abgrenzung

Die einschlägige Bestimmung von Art. 3 Abs. 2/2 FKVO enthält drei positive Bedingungen und eine negative Voraussetzung für die Qualifikation als konzentratives JV: Positiv ist die dauerhafte Erfüllung aller Funktionen einer selbständigen wirtschaftlichen Einheit verlangt, in negativer Hinsicht das Fehlen einer Koordinierung des Wettbewerbsverhaltens der Gründerunternehmen im Verhältnis zueinander oder im Verhältnis zum JV. Der Präzisierung eben dieser Voraussetzungen dient die BM 1990. Im folgenden sind diese Legalvoraussetzungen (mit Beispielen) kurz auszuleuchten[61].

---

[57] Kooperative JV sind solche, die eine "Koordinierung des Wettbewerbsverhaltens voneinander unabhängig bleibender Unternehmen bezwecken oder bewirken".

[58] Vgl. etwa die Kommentare bei LOHSE (FN 3), 4; MIERSCH (FN 40), 104. Ausführlich hiezu auch SCHERF (FN 41), 247 f.; MÄLZER (FN 11), 708 f.; vorn FN 38.

[59] Ebenso (im Ergebnis) SCHERF (FN 41), 246; DERS. (FN 3), 297; GROGER/JANICKI (FN 1), 999; ROHARDT (FN 43), 381.

[60] Siehe etwa EINSELE (FN 40), RN 10; MÄLZER (FN 11), 712 und 717.

[61] Die nachstehenden Erörterungen folgen weitgehend den Darstellungen von SCHERF (FN 2), 298 ff.; DERS. (FN 41), 248 ff.; MÄLZER (FN 11), 708. Vgl. im übrigen die Hinweise in FN 72.

a) Positive Bedingungen[62]

Zunächst ist verlangt, dass ein konzentratives JV *alle Unternehmensfunktionen* ausüben muss. Dies impliziert ein selbständiges Auftreten als Anbieter und Nachfrager am Markt. Nicht konzentrative (sondern kooperative) GU sind solche, die bloss Teilfunktionen wie Produktion, Vertrieb, FuE, Einkauf und Verkauf oder Transport wahrnehmen.

- **Fall: Baxter/Nestlé/Salvia**[63]

In diesem Falle gründeten die beteiligten Unternehmen verschiedene JV, welche die einschlägigen Erzeugnisse zu einem massgeblichen Grade bei den Partnern entweder selber herstellen oder in Lizenz entwickeln liessen. Die Kommission hielt dafür, dass es sich lediglich um ein GU hinsichtlich Teilfunktionen handelt, dieses sonach im Ergebnis eher einem (partiellen) Marketing-JV glich.

Das GU muss im weiteren *auf Dauer angelegt* sein. Gemäss der der FKVO unterliegenden Strukturkontrolle hat es sich als praktisch nicht (mehr) auflösbar in dem Sinne zu erweisen, dass die Partner sich endgültig vom Arbeitsgebiet des GU zurückziehen. In diesem Zusammenhange lässt sich mit Fug fragen, wie die Absicht "ewiger" Bindung der GU-Parteien sich überhaupt feststellen lässt[64].

---

[62] BM 1990, Ziff. 16.

[63] Sache IV/M.058, Entscheidung der Kommission vom 6. Februar 1991.

[64] So ist denn auch immer wieder von der theoretischen Natur dieses Tatbestandselementes gesprochen worden. Vgl. etwa SEDEMUND (FN 34), 7; MEESSEN (FN 1), 908, der rechtsstaatliche Bedenken hegt. Den Partnern bleibt es allemal unbenommen, trotz bei Begründung geglücktem Nachweis langfristiger Bindung ein JV später (namentlich bei veränderten wirtschaftlichen Rahmenbedingungen) wieder aufzulösen.

- **Fall: Vacuum Interrupters Ltd.**[65]

Die strukturverändernde Anlage auf Dauer wurde in diesem Falle deshalb verneint, weil das JV von Anfang an auf die Entwicklungs-, Herstellungs- und Markteinführungsperiode eines neuen Produktes begrenzt war. Die Partner hatten fürs erste eine Vertragsdauer von zehn Jahren vereinbart.

Schliesslich ist gefordert, dass das JV eine *selbständige wirtschaftliche Einheit* darstellt. Mithin muss es eine von den Gründern losgelöste Geschäftspolitik im Sinne eines unabhängigen Anbieters und Nachfragers betreiben[66]. Auf kooperative JV wird daher geschlossen, wenn die ganze Unternehmensstrategie hinsichtlich Bezug wie Absatz zu sehr (noch) auf die Gründer ausgerichtet bleibt[67]. Eine gewisse Einbindung des JV in die Aktivitätsfelder der Partner wird allerdings geduldet, "wenn die marktbezogenen strategischen Entscheidungen für das Arbeitsgebiet im GU gefällt werden"[68].

- **Fall: Volvo/Renault**[69]

In diesem Falle hatten sich die beiden Autoproduzenten für die Entwicklung und Herstellung neuer Motorfahrzeuge zusammengeschlossen. Wiewohl Marketing und Absatz der Neuprodukte in den Händen der Partner verblieb, nahm die Kommission ein konzentratives GU an, da (auch) in diesen Bereichen die strategischen Entscheidungen gemeinsam via JV gefasst wurden. Zudem anerkannte die Kommission die Notwendigkeit, die zusammen entwickelten Erzeugnisse je unter der eigenen Marke abzusetzen.

---

[65] ABl 1977, Nr. L 48, 32.

[66] Näheres zu diesem Kriterium insb. MÄLZER (FN 11), 709 ff., GLEISS/HIRSCH/BURKERT (FN 25), RN 554 ff., 558 f.; vgl. auch unten FN 68.

[67] In der BM 1990, Ziff. 16, wird als Indiz eine Bezugs- und Absatzobergrenze von 50 Prozent genannt.

[68] So (mit Beispielen) SCHERF (FN 3), 298; ferner GLEISS/HIRSCH/BURKERT (FN 25), RN 558, der verlangt, dass das GU über die Kontrolle seines Alltagsgeschäfts verfügt.

[69] Sache IV/M.004, Entscheidung der Kommission vom 6. November 1990.

b) **Negative Bedingung**[70]

Das wohl massgebliche Abgrenzungskriterium bildet der Ausschluss von Gruppeneffekten, will heissen das *Verbot*, dass ein GU zu einer *Koordinierung des Wettbewerbsverhaltens unter den Partnern* führt. Das Konzentrationsprivileg via Unterstellung unter die FKVO als konzentratives JV greift nur, wenn die Gründer nicht (über die notwendige Zusammenarbeit hinaus) ihr Marktverhalten untereinander oder gegenüber Dritten koordinieren[71]. Die Kommission hat dieses Tatbestandselement konzentrativer JV näher konkretisiert und namentlich die folgenden vier Grundtypen von JV herausgearbeitet[72]:

Eine *erste Fallgruppe* erfasst GU, die die bisherige Tätigkeit der Gründerunternehmen zusammenfassen. Alsdann übertragen die Mütter bestimmte Geschäfts- und/oder Produktionsbereiche vollständig auf das JV. In der Folge scheiden sie aus dem Markt aus und bleiben weder aktuelle noch potentielle Wettbewerber. In solchen Umständen liegt zweifelsfrei ein konzentratives JV vor[73].

In einer *zweiten Fallgruppe* übernimmt das GU neue Geschäftsbereiche. Dies geschieht im Interesse der Partner, die bislang in diesen Gebieten keine Tätigkeiten entfaltet haben. Solche JV werden ebenfalls allesamt als konzentrative GU angesehen.

Falls das JV auf den gleichen Produktmärkten auftritt wie seine Muttergesellschaften, liegt die *dritte Fallgruppe* vor. Unter diesen Umständen

---

[70] BM 1990, Ziff. 20.

[71] Besonders aufschlussreich zum Ausschluss von Gruppeneffekten und zur integrativen Doppelkontrolle MIERSCH (FN 40), 98 ff., sowie MÄLZER (FN 11), 713 ff.

[72] BM 1990, Ziff. 24 ff. Für eine gehaltvolle Kommentierung dieser Fallgruppen siehe MÄLZER (FN 11), 714 ff.; GLEISS/HIRSCH/BURKERT (FN 25), RN 560 ff., insb. RN 567, 574 f.; BOS/STUYCK/WYTINCK (FN 11), 4-076 ff. Vgl. zudem die Würdigung bei SCHERF (FN 3), 299 ff., und bei SEDEMUND (FN 34), 8 f.

[73] Beachte dazu das neue Konzept der Kommission zur realistischen Beurteilung von potentiellem Wettbewerb, BM 1990, Ziff. 25. Vgl. dazu auch unten VI/1/c.

diagnostiziert die Kommission stets dann ein kooperatives GU, wenn die Partnergesellschaften auch weiterhin Wettbewerber bleiben.

Den wohl komplexesten Grundtypus bildet die *vierte Fallgruppe*. Das GU nimmt seine Aktivitäten in vor- oder nachgelagerten Märkten der Partner auf. Dessen Tätigkeitsgebiet beschlägt sonach entweder die Herstellung von Vorprodukten oder den Vorstoss in eine weitere Veredelungsstufe. Unter solchen Rahmenbedingungen ist an sich im Einzelfall zu befinden. Allermeistens entscheidet sich die Kommission allerdings für ein kooperatives JV. Das gleiche gilt, falls das GU in benachbarten oder komplementären Märkten sich entfaltet.

Die spezifischen typologischen Abgrenzungskriterien können an dieser Stelle nicht en détail abgehandelt werden. Anzuzeigen ist bloss, dass sich in der Praxis immense Abgrenzungsprobleme (insbesondere bei Mischformen) ergeben können. Für Einzelheiten muss ein Hinweis auf das einschlägige Fallrecht der jüngeren Rechtsprechung bzw. auf die einschlägige Literatur genügen[74].

VI. Materielle Beurteilung von kooperativen Joint Venture im allgemeinen

1. Ausgangslage

Seit langem hat die Kommission gegenüber JV eine grundsätzlich positive Haltung eingenommen[75]. So wurde bereits in der Kooperationsbekannt-

---

[74] Siehe etwa KLEINMANN, *Die Anwendbarkeit der EG-Fusionskontrollverordnung auf Gemeinschaftsunternehmen*, 607 f.; SCHERF (FN 41), 250 ff., und die Fundstellen in FN 72.

[75] VAN BAEL/BELLIS (FN 10), 502: "On the whole, the Commission has been favorably disposed towards such agreements insofar as they promote the goal of an integrated

machung von 1968[76] (nachstehend BM 1968) festgehalten, dass gewisse Zusammenarbeitsformen als unbedenklich zu qualifizieren sind. Allemal schwingt in dieser günstigen kartellrechtlichen Beurteilung eine *industriepolitische* Zielsetzung mit[77]. Mithin wird festgehalten, dass JV die Bemühungen zur Stärkung der europäischen Industrie zwecks Steigerung ihrer Wettbewerbsfähigkeit unterstützen und damit als Mittel zur Verstärkung der Stellung europäischer Unternehmen auf dem Weltmarkt dienen können[78]. Im einzelnen hielt die Kommission GU die folgenden wettbewerbspolitischen Vorzüge zugute[79]:

- Integrierung der Märkte durch grenzüberschreitende Kooperationen
- Erleichterung von Investitionen mit hohem Risikograd
- Förderung von Innovation und Technologietransfer
- Erschliessung neuer Märkte
- Stärkung der wettbewerblichen Stellung von kleinen und mittleren Unternehmen
- Einführung fortgeschrittener Technologien von Drittland- auf EG-Unternehmen
- Abbau möglicher struktureller Überkapazitäten.

European Market." Ebenso MEESSEN (FN 1), 904 ff., der aber die Einbeziehung industriepolitischer Gesichtspunkte kritisiert. Zur Kommissionspraxis vgl. unten VII und (ebenfalls mit Beispielen) BASEDOW/JUNG (FN 1), 171, 178 ff.

[76] ABl 1968, Nr. C 75, 14 f., ausführliche Besprechung bei GLEISS/HIRSCH/BURKERT (FN 25), RN 414 ff.; ausserdem G/T/E-SCHRÖTER (FN 10), Art. 85 - Fallgruppen, RN 63 f.; BASEDOW/JUNG (FN 1), 140 f.

[77] GROGER/JANICKI (FN 1), 992 f.; MEESSEN (FN 1), 907; BASEDOW/JUNG (FN 1), 195 f. Zur FKVO vgl. etwa IMMENGA, *Die Sicherung unverfälschten Wettbewerbs durch Europäische Fusionskontrolle*, 377 ff.; ROHARDT (FN 43), 369 ff.; MIERSCH (FN 40), 211 f.

[78] XVI. BERICHT ÜBER DIE WETTBEWERBSPOLITIK, Tz 32 f.; ähnlich XXI. BERICHT ÜBER DIE WETTBEWERBSPOLITIK, Tz 131 f.

[79] Vgl. XVI. BERICHT ÜBER DIE WETTBEWERBSPOLITIK, Tz 32 f., sowie die Ausführungen in Ziff. 55 der BM 1993. Für ältere Stellungnahmen sh. etwa die Übersicht bei KLEINMANN (FN 74), 605.

Nebst der altbekannten Verkündigung ihrer positiven Glaubensposition ist die Kommission in jüngster Zeit zu konkreten wettbewerbspolitischen Taten geschritten und hat in materiellrechtlicher Hinsicht namentlich die folgenden Neuerungen in die Behandlung kooperativer JV eingebracht[80]:

a) Wesentliche Änderungen erfolgten mit der geschilderten Ausweitung der GFVO[81].$

b) Eine wettbewerbsrechtlich wichtige Verdeutlichung bestand in der Bestätigung, dass Nebenabreden verhältnismässig grosszügig behandelt werden sollen[82].

c) Hinsichtlich der Frage des potentiellen Wettbewerbs will die Kommission auch fürderhin ein "realistisches Wettbewerbskonzept" einsetzen und damit Art. 85 EWGV weniger leicht greifen lassen[83].

d) Schliesslich hat die Kommission in ihrer neusten BM 1993[84] kundgetan, dass sie massgeblich zur Rechtssicherheit im Gebiete der Beurteilung von JV unter Art. 85 EWGV beitragen möchte. Zwar handelt es sich bei diesem Erlass nicht um eine Kehrtwende in der wettbewerbsrechtlichen Beurteilung, sondern vielmehr um eine Zusammenfassung und Verdeutlichung der bisherigen Fallpraxis[85]. Immerhin bekundete sie damit die Absicht, den Unternehmen wichtige und konkrete Finger-

---

[80] Vgl. zu dieser Zusammenstellung namentlich SCHERF (FN 3), 300. Als neuesten Beleg für die grundsätzlich günstige wettbewerbspolitische Grundhaltung vgl. auch den XXII. BERICHT ÜBER DIE WETTBEWERBSPOLITIK, namentlich die Ausführungen in Ziff. 5, 265, 294; SCHERF (FN 3), 300; MEESSEN (FN 1), 906 f.

[81] Vgl. hiezu FN 16. Nähere Einzelheiten dazu unten VII/2/b.

[82] Vgl. BM 1993, Ziff. 65 f.

[83] Seit 1983 hatte die Kommission auf ein solches auf die tatsächlichen Konkurrenzverhältnisse ausgerichtetes Konzept einer potentiellen Konkurrenz abgestellt. Vgl. XXII. BERICHT ÜBER DIE WETTBEWERBSPOLITIK, 51 ff.

[84] Vgl. unten 2/b/aa.

[85] So auch KIETHE/SCHWAB (FN 23), 315. Vgl. ferner die Stellungnahme bei SCHERF (FN 3), 302 ff.

zeige hinsichtlich Zulässigkeit verschiedener Ausgestaltungsformen von JV anzuliefern[86].

Trotz dieser positiven Grundhaltung und der unlängst vollzogenen wettbewerbsrechtlichen Umsetzungsschritte hat sich die Kommission bis heute geweigert, (zu) allgemeine Aussagen über die wettbewerbsrechtliche Zulässigkeit von JV zu machen. Deren Erscheinungsformen sind offenkundig zu vielfältig, als dass generalisierte Beurteilungen ex ante als möglich und/oder opportun erscheinen. Damit bleibt es – wie die Kommission selber in ihrer BM 1993 betont[87] – letzten Endes bei einer Einzelfallbetrachtung[88]. Dies nicht zuletzt deshalb, weil noch sehr viele Begriffe des Erlasses ungeklärt sind und deren Operationalität teils sogar grundsätzlich in Frage gestellt wird[89].

2. Beurteilung durch die Kommission

Nachstehend erfolgt eine kurze und verdichtete Zusammenstellung der wichtigsten Leitlinien der Kommissionspraxis. Angesichts der Neuheit der BM 1993 wird selbstredend in erster Linie auf diesen Erlass abgestellt. Daneben ergehen aber auch – wie in dieser Mitteilung selber – einige erläuternde Hinweise auf das einschlägige "case law".

---

[86] Gerade unter Praktikern ist indessen angezweifelt worden, ob ein derart beträchtlicher Innovationsschub i.S. Rechtssicherheit mit dem Erlass dieser Bekanntmachung erfolgte. Vgl. dazu auch unten VIII.

[87] Siehe z.B. Ziff. 5 und 20 BM 1993.

[88] So deutlich auch SCHERF (FN 3), 302; KIETHE/SCHWAB (FN 23), 315.

[89] Vgl. – auch zu früheren Erlassen – die Vorbehalte bei LOHSE (FN 3), 9 ff., sowie MEYER, *Forschungs- und Entwicklungskooperation*, 197 ff.

a) Vom Kartellverbot ausgenommene Joint Venture

Nach Auffassung der Kommission sind die folgenden JV generell von Art. 85 Abs. 1 EWGV nicht erfasst, weil sie eine Wettbewerbsbeschränkung weder bezwecken noch bewirken[90]:

aa) Joint Venture, deren Gründer zu demselben Konzern gehören

Ein solches JV ist Teil eines Konzernverbundes und dessen Organisation, in die das Kartellrecht nicht eingreifen will.

bb) Fehlende Spürbarkeit

Art. 85 Abs. 1 EWGV greift dann nicht, wenn die (an sich verursachten) Wettbewerbsbeschränkungen nicht spürbar sind. Dies ist nach der BM 1986 dann der Fall, wenn die beteiligten Unternehmen gemeinsam einen Gesamtumsatz von weniger als 200 Mio. ECU erwirtschaften und zusammen über einen Marktanteil von weniger als fünf Prozent verfügen[91].

cc) Wahrnehmung wettbewerbsneutraler Aufgaben

Schliesslich fehlt dann eine Wettbewerbsbeschränkung im Sinne von Art. 85 Abs. 1 EWGV, wenn das JV bloss wettbewerbsneutrale Aufgaben wahrnimmt wie etwa:

- Beschaffung von nicht-vertraulichen Informationen
- marktferne Tätigkeiten
- Tätigkeiten technischer und/oder organisatorischer Natur.

---

[90] Vgl. Ziff. 15 BM 1993. Eine ähnliche Auflistung findet sich schon in der Kooperationsbekanntmachung von 1968 (vgl. vorn FN 66). Siehe dazu auch PALASTHY (FN 29), 2 f.

[91] Zur BM 1986 vgl. vorn V/1/a, insb. FN 45 und 46.

dd)   Joint Venture unter Nichtwettbewerbern

Ferner wird keine in Art. 85 Abs. 1 EWGV geschütze Konkurrenz behindert, falls die Partner des JV Nichtwettbewerber sind.

b)   Unter Artikel 85 Absatz 1 EWGV fallende Joint Venture

Von selbst versteht sich, dass das Kartellverbot von Art. 85 Abs. 1 EWGV nur dann Anwendung findet, wenn dessen vier bekannten Tatbestandsvoraussetzungen erfüllt sind[92]:

- Zusammenspiel zwischen *Unternehmen*
- koordiniertes Vorgehen via *Vereinbarung* oder *abgestimmtes Verhalten*
- Veranstaltung einer spürbaren *Wettbewerbsbeschränkung*
- Beeinträchtigung des *zwischenstaatlichen Handels*.

In territorialer Hinsicht ist anzuzeigen, dass die Handelsbeeinträchtigung allemal dann verneint wird, wenn es sich um rein nationale Sachverhalte handelt oder bloss Gebiete ausserhalb der Gemeinschaft betroffen sind. Sobald die Wirkungen über intra-gemeinschaftliche Grenzen hinausreichen, genügt indessen auch das Gebiet eines (insbesondere grösseren) Mitgliedstaates oder sogar eines Teiles zur Annahme räumlich relevanter Effekte[93]. Nachdem der EWR materiell die EG-Kartellrechtsregeln übernimmt, werden in Zukunft auch Auswirkungen auf die das Vertragswerk unterzeichnenden Länder zu berücksichtigen sein[94].

---

[92]   Vgl. die jeweiligen (allgemeinen) Einführungen zu den einzelnen Tatbestandselementen bei MEIER-SCHATZ (FN 10), Bd. 2, 95 ff. Siehe zudem die neueren Darstellungen bei GLEISS/HIRSCH/BURKERT, RN 72 ff.; VAN BAEL/BELLIS (FN 10), 20 f.; BELLAMY/ CHILD, *Common Market Law of Competition*, 45 f.; GRABITZ-KOCH (FN 10), RN 1 f. zu Art. 85; G/T/E-SCHRÖTER (FN 10), Art. 85, RN 37 f.; EMMERICH (FN 10), 528 f.

[93]   Zum räumlichen Anwendungsbereich der Zwischenstaatlichkeitsklausel vgl. z.B. GLEISS/HIRSCH/BURKERT (FN 25), Einl., RN 27 ff.; GOYDER (FN 10), 116 f.; BELLAMY/CHILD (FN 92), 113 f.; EMMERICH (FN 10), 540 f.

[94]   Vgl. hiezu jüngstens den XXII. BERICHT ÜBER DIE WETTBEWERBSPOLITIK, Ziff. 82.

Hinsichtlich JV hat die Kommission in ihrer BM 1993[95] verschiedene Kriterien und Beurteilungsgesichtspunkte erarbeitet, welche im folgenden kurz auszuleuchten sind:

aa)   Beziehungen zwischen den Gründern[96]

Das JV kann zunächst den Wettbewerb zwischen den Gründern beeinträchtigen, indem es dazu benutzt wird, deren Verhalten zu koordinieren. Mithin wird individuelles wettbewerbliches ersetzt durch kollektives abgestimmtes Verhalten.

Damit dies eintreffen kann, müssen die Gründer aktuelle oder zumindest potentielle Wettbewerber sein[97]. Sind sie auf unterschiedlichen Produktemärkten tätig, besteht keine *aktuelle* Konkurrenz und somit keine Gefahr der Verhaltensabstimmung[98]. Damit ist Art. 85 EWGV nicht anwendbar[99].

---

[95] Vgl. BM 1993, Ziff. 17 ff.

[96] Vgl. BM 1993, Ziff. 18 ff.; zum Entwurf den Kommentar vgl. KLEINMANN (FN 74), 605.

[97] Besonders illustrativ ist das Beispiel Olivetti/Canon, ABl. 1988, Nr. L 52, 51, 56 f., wo die beiden Günder je nach dem relevanten Markt als aktuelle Wettbewerber, potentielle Wettbewerber oder Nichtwettbewerber angesprochen werden.

[98] Ob sich beide Mütter aus dem Markt des JV zurückzuziehen haben, wie es der Wortlaut von BM 1990, Ziff. 19, bestimmt, oder ob es kartellrechtlich tolerabel ist, wenn eine Mutter auf diesem Markt verbleibt (sog. Ein-Mutter-Konstellation), war lange Zeit umstritten. Noch offen zum Beispiel bei SIRAGUSA/SUBIOTTO, *Ein Jahr EG-Fusionskontrolle*, 876; zweifelnd BOS/STUYCK/WYTINCK (FN 11), 3-054, 4-099 und 4-109; ablehnend PATHAK, *The EC Commissions Approach to Joint Ventures*, 180. Die Praxis vermochte zu klären und toleriert heute die Anwesenheit einer Mutter auf dem Markt des GU; vgl. Ericsson/Kolbe (Sache IV/M.133, Entscheidung der Kommission vom 22. Januar 1992); SCHERF (FN 3), 298 f., 300.

[99] Vgl. z.B. Lichtwellenleiter, ABl 1986, Nr. L 236, 30, Ziff. 46; Mitchell Cotts/Sofiltra, ABl 1986, Nr. L 41, 31, Ziff. 20.

Grössere Schwierigkeiten wirft die Frage auf, ob *potentieller* Wettbewerb herrscht[100]. Die Kommission hat dazu einen (im wesentlichen auf Produktionsunternehmen zugeschnittenen) Fragenkatalog zusammengestellt, der die Diagnose des Wettbewerbsverhältnisses erleichtern soll[101]. Die Ausgangsfrage lautet allemal, ob jeder der Gründer die dem JV zugedachten Tätigkeiten selbst ausüben könnte oder ob ein eigentlicher Zwang zur Kooperation bestehe[102].

In diesem Zusammenhang stellt die Kommission verschiedene Teilfragen, die das Vorliegen einer solchen Fähigkeit zum Alleingang aufdecken sollen[103]. Dabei kommt es auf die für den Alleingang aufzubringenden Ressourcen jeglicher Art, auf die verfügbaren Vertriebsmöglichkeiten, auf die Marktkapazität, auf die Marktzugangsschranken und auf die Vertretbarkeit finanzieller und technischer Risiken an, wobei die Kommission die verschiedenen Stufen unternehmerischer Tätigkeit einzeln betrachtet[104]. So mag etwa eine Kooperation auf den Stufen der FuE sowie der Produktion gerechtfertigt sein, der gemeinsame Vertrieb indessen das kartellrechtlich zulässige Mass sprengen[105].

---

[100] Vgl. zum Beispiel den Test zur Feststellung potentiellen Wettbewerbs bei BOS/STUYCK/WYTINCK (FN 11), 3-070.

[101] BM 1993, Ziff. 18 ff. Vgl. zum Entwurf den Kommentar bei KLEINMANN (FN 74), 605.

[102] Vgl. den Fall Vacuum Interrupters Ltd. (FN 58), wo die Kommission ein potentielles Wettbewerbsverhältnis bejaht, obwohl die Gründer im Alleingang nicht in der Lage waren, einen Vakuumschalter zu entwickeln. Diese Aufgabe wurde einem JV übertragen (die Kommission stellt das JV nach Art. 85 Abs. 3 EWGV frei).

[103] Da es sich dabei um Prognosen handelt, ist eine solche Beurteilung mit vielen Unsicherheiten behaftet. Deshalb sehr kritisch zu FuE-JV MEYER (FN 89), 202 ff.

[104] BM 1993, Ziff. 20. Kritisch bis ablehnend hiezu SCHERF (FN 3), 303.

[105] Diese Sachverhaltskonstellation ist freilich durch die geänderten GFVO erheblich entschärft worden. Vgl. dazu oben FN 18.

Grundsätzlich bemüht sich die Kommission, eine realistische Betrachtungsweise anzuwenden[106]. Die Möglichkeit des Alleingangs soll nur bejaht werden, wenn dieser sich vernünftigerweise auch verwirklichen lässt[107].

bb)   Beziehungen zwischen den Gründern und dem Joint Venture[108]

JV können im weiteren die wettbewerblichen Beziehungen zwischen den Partnern und dem GU beeinträchtigen. Die Analyse dieses Einflussbereichs gewinnt zumal eine eigenständige Bedeutung beim Vorliegen eines Vollfunktions-JV[109]. Dann nämlich können räumliche oder sachliche Markt- sowie Kundenaufteilungen zwischen den Gründern und dem JV vorgenommen werden. Das zulässige Mass der Wettbewerbsbeschränkung ist in jedem Einzelfall gesondert festzustellen. Die spezifischen Eigenheiten einer Kooperation (lange, teure und risikoreiche FuE, Wichtigkeit der Neu- und Weiterentwicklung usw.) können besondere Regelungen rechtfertigen[110].

---

[106] BM 1993, Ziff. 18. Siehe darüber auch SCHERF (FN 3), 300.

[107] Vgl. z.B. Ford/VW, ABl 1993, Nr. L 20, 20, Ziff. 28 ff., wo das behauptete "realistische" Konzept freilich nicht sehr glaubwürdig Anwendung fand und industriepolitische Erwägungen letzten Endes überhand nahmen (Ziff. 36: grösste ausländische Direktinvestition in einem der ärmsten Gebiete [Setubal, Portugal] der Gemeinschaft). Auch im Fall Olivetti/Canon (FN 87), Ziff. 54, gewinnt man den Eindruck, dass das JV nicht zuletzt aus industriepolitischen Überlegungen genehmigt wurde (Verbesserung der Technologiestruktur und damit der Wettbewerbsfähigkeit der EG-Industrie).

[108] BM 1993, Ziff. 21 f.

[109] Vgl. G/T/E-SCHRÖTER (FN 10), Art. 85 - Fallgruppen, RN 186.

[110] Vgl. z.B. BBC/NGK, ABl 1988, Nr. L 301, 68 (FuE-JV im Bereich Hochleistungsbatterien, für das wegen des enormen Investitionsvolumens sogar Gebietsschutzbindungen toleriert wurden); Fiat/Hitachi, ABl 1993, Nr. L 20, 10 (Kooperation im Bereich Erdbewegungsgeräte, die die Kommission ebenfalls auf der Basis eines "active sales concept" gestattete). Siehe hiezu die Fallstudie unten 4.

cc)   Auswirkungen auf die Stellung Dritter[111]

Ein JV mag schliesslich die Konkurrenzfreiheit von Dritten berühren. Die Stellung Dritter wird vor allem dann beeinträchtigt, wenn deren Auswahlmöglichkeiten an Lieferanten und Kunden abnimmt. Dies tritt etwa ein, falls das JV nach seiner Gründung anstelle der Gründerunternehmen auf dem Markt als Nachfrager oder Anbieter auftritt oder Vor- und Zwischenprodukte ausschliesslich an die Gründer liefert bzw. von diesen abnimmt[112].

Vereinigt das JV die Nachfrage oder das Angebot der Gründer auf sich, kann auch durch diese Kumulation von Marktmacht die Stellung Dritter beeinträchtigt werden. Zudem mag daraus eine Erhöhung der Marktzutrittsschranken für potentielle Wettbewerber resultieren.

c)   **Feststellung der Marktmacht**[113]

Um die Marktmacht und damit den Grad der Wettbewerbsbeschränkung durch ein JV beurteilen zu können, wendet die Kommission einerseits die allgemeinen kartellrechtlichen Grundsätze an. Andererseits hat sie aber auch spezielle, die bei der Gründung von JV vorliegende Situation berücksichtigende Kriterien entwickelt. Als wichtigste (wettbewerbsbeschränkungstypologische) Elemente seien genannt:

- Marktanteile
- Struktur des Marktes
- relative Stärke der Gründerunternehmen
- Marktnähe der Tätigkeit des GU
- wettbewerbsbeschränkender Charakter der zwischen den beteiligten Unternehmen getroffenen Vereinbarungen
- Marktzugangsschranken.

---

[111] BM 1993, Ziff. 23 ff.

[112] Vgl. z.B. Fiat/Hitachi (FN 100) Ziff. 14, 27 (Verpflichtung des GU, Motoren ausschliesslich bei Fiat und Hydraulikteile allein bei Hitachi zu beziehen).

[113] BM 1993, Ziff. 26.

d) Netze von Gemeinschaftsunternehmen[114]

- **Fall: Lichtwellenleiter**[115]

Im berühmten Fall *Lichtwellenleiter* kam es zu Wettbewerbsverzerrungen durch das Nebeneinanderbestehen zahlreicher funktional gleichartiger JV, an denen die Firma Corning als "leader" jeweils mit verschiedenen anderen Gründern beteiligt war. Da Corning und seine Partner nicht Konkurrenten waren, wurde nicht Wettbewerb zwischen den Gründerunternehmen beschränkt. Vielmehr lagen die hauptsächlichen Wettbewerbsbeschränkungen in den Beziehungen zwischen den JV, die unter sich unmittelbar miteinander im Wettbewerb standen. Corning hatte ersichtlich die Möglichkeit, die Leitung der gemeinsamen Unternehmen zu beeinflussen und hiermit zu koordinieren[116].

Diese erweiterte analytische Perspektive ist in der BM 1993 wieder aufgenommen worden. Das zeigt an, dass durch das Bestehen mehrerer JV eine weitere Einflussebene hinzukommen kann. Auch Wettbewerbsbeschränkungen zwischen einzelnen JV müssen mitberücksichtigt werden. Mithin hat eine Gesamtbetrachtung stattzufinden, die alle Reaktionsverbundenheiten innerhalb des Netzes in Rechnung stellt[117].

---

[114] BM 1993, Ziff. 27 ff.

[115] ABl 1986, Nr. L 236, 30.

[116] A.a.O., Ziff. 45 f. Das Vorhaben wurde unter Bedingungen und Auflagen freigestellt.

[117] Vgl. BM 1993, Ziff. 27 f. Vgl. auch GLEISS/HIRSCH/BURKERT (FN 25), RN 579 ff.; G/T/E-SCHRÖTER (FN 10), Art. 85 - Fallgruppen, RN 194; BASEDOW/JUNG (FN 1), 173.

VII. Beurteilung der wichtigsten Arten von Joint Venture (mit Beispielen)

1. JV unter Nichtwettbewerbern[118]

Kartellrechtlich meist unproblematisch sind JV zwischen Nichtwettbewerbern[119]. GU, die bloss Teilfunktionen wahrnehmen, also zum Beispiel nur die FuE, die Produktion oder den Einkauf bzw. Verkauf beschlagen, fallen prinzipiell nicht unter Art. 85 Abs. 1 EWGV[120].

Differenzierter hat man immerhin ein Vollfunktions-JV anzugehen. Ist es auf einem den Gründerunternehmen vor- oder nachgelagerten Markt tätig, will sagen vertikal integriert, kann das Ausschlusswirkungen für dritte Unternehmen zeitigen. Diese treten namentlich dann ein, wenn das JV als Bindeglied zwischen den Gründern amtet[121]. Noch wahrscheinlicher erscheint eine Beschränkung des Wettbewerbs, falls (wenigstens) ein Gründerunternehmen und das JV auf demselben Produktmarkt tätig sind.

2. Joint Venture unter Wettbewerbern[122]

a) Einleitung

Bei der Beurteilung von unter Konkurrenten realisierten JV hat man namentlich zu unterscheiden zwischen Voll- und Teilfunktions-JV sowie

---

[118] BM 1993, Ziff. 32 ff.
[119] Vgl. aber den Lichtwellenleiter-Fall, vorn VI/2/d.
[120] BM 1993, Ziff. 33.
[121] Vgl. z.B. LOHSE (FN 3), 189, zum Lichtwellenleiter-Fall.
[122] BM 1993, Ziff. 36 ff.

zwischen JV mit marktnahen und solchen mit marktfernen Tätigkeiten. Diese Ausdifferenzierungen rufen die wirtschaftliche Vielseitigkeit des Phänomens und damit die schon angesprochene Einzelfallbetrachtung durch die Kartellbehörden in Erinnerung. Ausserdem müssen wettbewerbsbeschränkende Wirkungen der Gründung des GU als solche, damit verbundene Nebenabreden sowie allenfalls getroffene zusätzliche Absprachen auseinandergehalten werden[123].

Werden Gründung bzw. Tätigkeit (oder beides) eines JV als wettbewerbsbeschränkend beurteilt, besteht immer noch die Möglichkeit einer Freistellung. Dabei kann die Inanspruchnahme einer GFVO oder eine Einzelfreistellung nach Art. 85 Abs. 3 EWGV in Frage kommen[124].

b) Gruppenfreistellung

Des als notwendig angesehenen Einzelfallbefundes wegen wurde vom Erlass einer eigentlichen GFVO für JV abgesehen. Indessen können spezifische GU-Vereinbarungen oder einzelne Vertragsklauseln solcher Abreden von *bestehenden* GFVO erfasst werden.

Bisher wurde die Gründung und Tätigkeit eines *Vollfunktions-JV* von keiner GFVO abgedeckt[125]. Folglich bleibt in jedem Fall eine Einzelentscheidung erforderlich[126]. Um die Rationalisierung der Produktion, die Verwertung der Ergebnisse gemeinsamer FuE sowie die Weitergabe technischer

---

[123] G/T/E-SCHRÖTER (FN 10), Art. 85 - Fallgruppen, RN 168. Vgl. gleich anschliessend zu Nebenabreden VII/3.

[124] Zum Freistellungsverfahren siehe etwa die Übersichten bei MEIER-SCHATZ (FN 10), Bd. 2, 215 f.; EMMERICH (FN 10), 654 f.; GRABITZ-KOCH (FN 10), Art. 153, RN 153 zu Art. 85; BELLAMY/CHILD (FN 92), 130 f.

[125] Trotzdem strahlen die generellen Aussagen der GFVO auf die Einzelfreistellung aus. Vgl. BASEDOW/JUNG (FN 1), 194.

[126] G/T/E-SCHRÖTER (FN 10), Art. 85 - Fallgruppen, RN 196; BASEDOW/JUNG (FN 1), 172.

Kenntnisse zu erleichtern[127], hat die Kommission unlängst – wie bereits berichtet – den Anwendungsbereich der GFVO für Spezialisierungsvereinbarungen[128], für FuE-Abkommen[129], für Patentlizenzvereinbarungen[130] und für Know-how-Abreden[131] erheblich ausgeweitet[132].

Folgende (operativ wie kartellrechtlich bedeutsame) *Neuerungen*[133] wurden eingeführt, die in ihren wesentlichen Auswirkungen am 1. April 1993 in Kraft getreten sind:

aa) *Spezialisierungsvereinbarungen*[134]

Zunächst erging eine Kurzdefinition des Wettbewerbsbeschränkungstypus'. Ein Spezialisierungskartell mehrerer Hersteller liegt vor, wenn diese zugunsten eines gemeinsam gegründeten JV auf die Herstellung bestimmter Erzeugnisse verzichten[135].

Alsdann erfolgte eine wichtige Ausdehnung des Geltungsbereichs. Bis anhin waren Spezialisierungs-JV von der GFVO nicht erfasst, die sich nicht auf die gemeinsame Produktion beschränkten, sondern auch einen vergemeinschafteten Vertrieb der hergestellten Produkte einschlossen. Nun sind Spezialisierungsvereinbarungen mit gemeinsamer Distribution ebenfalls freigestellt, vorausgesetzt, sie überschreiten eine obere (addierte) Markt-

---

[127] Erw. 5 der VO Nr. 151/93 (oben FN 18).

[128] Vorn FN 13.

[129] Vorn FN 14.

[130] Vorn FN 15.

[131] Vorn FN 16.

[132] Vorn FN 18.

[133] Vgl. die Übersicht über die Änderungen im XXII. BERICHT ÜBER WETTBEWERBSPOLITIK, Ziff. 265 ff.

[134] Siehe VO Nr. 151/93 Art. 1; BM 1993, Ziff. 44 ff. Vgl. als Exempel VW/MAN, ABl 1983, Nr. L 376, 11.

[135] BM 1993, Ziff. 44.

anteilsgrenze von zehn Prozent nicht. "Herkömmliche" Spezialisierungs-JV ohne gemeinsamen Vertrieb sind weiterhin bis zu einer Marktanteilsgrenze von zwanzig Prozent freigestellt.

Angehoben hat man schliesslich die bisherige maximale Umsatzgrenze von 500 Mio. auf eine Mia. ECU. Liegen die addierten Gesamtumsätze der Gründer über dieser neuen Limite, kann das sogenannte Widerspruchsverfahren in Anspruch genommen werden. Die JV-Vereinbarung ist alsdann bei der Kommission anzumelden und gilt als genehmigt, wenn die Wettbewerbsbehörde nicht innert sechs Monaten Widerspruch erhebt. Diese Regelung spielt allerdings bloss bei den Umsatz-, nicht aber bei den Marktanteilsgrenzen.

bb) *FuE-Vereinbarungen*[136]

Neu können FuE-JV nicht nur die gemeinsame FuE sowie die Ergebnisverwertung, sondern auch den gemeinsamen Vertrieb umfassen. Abermals sind dieselben quantitativen Bedingungen in Form von Marktanteilsgrenzen vorgesehen. Beschlägt das JV nur kollektive FuE sowie Verwertung, darf ein Marktanteil von zwanzig Prozent nicht überschritten werden. Übertragen die Partner dem JV ebenfalls den gemeinsamen Vertrieb der Produkte, liegt die obere Marktanteilsgrenze bei zehn Prozent. Auf eine Umsatzlimite wurde bewusst verzichtet, damit Unternehmen jeglicher Grösse der Zugang zur GFVO offenbleibt.

cc) *Patentlizenz- und Know-how-Vereinbarungen*[137]

Nach der revidierten Fassung der einschlägigen GFVO können die Gründer dem GU auch Patente und Lizenzen erteilen, wenn sie Wettbewerber sind. Es gelten dabei aber gleichfalls Marktanteilsobergrenzen von zwanzig bzw.

---

[136] Siehe VO Nr. 151/93 Art. 2; BM 1993, Ziff. 47 f.; aus der Praxis vgl. z.B. BBC/NGK, ABl. 1988, Nr. L 301, 68; unten 4.

[137] Vgl. VO Nr. 151/93 Art. 3 und 4; BM 1993, Ziff. 49 ff.

zehn Prozent, abhängig davon, ob die Lizenz bzw. Nutzungserlaubnis nur die Herstellung oder sowohl Produktion wie Vertrieb einschliesst.

c) **Einzelfreistellung**

Unterfallen wettbewerbsbeschränkende JV nicht einer GFVO, verbleibt allein die Möglichkeit einer Einzelfreistellung nach Art. 85 Abs. 3 EWGV. Unter formellem Aspekt verlangt die Einzelfreistellung eine ordnungsgemässe Anmeldung der Gründungsvereinbarung[138]. Materiellrechtlich müssen alle vier Voraussetzungen von Art. 83 Abs. 3 EWGV erfüllt sein:

1) Das JV hat zur Verbesserung der Warenerzeugung oder -verteilung oder zur Förderung des technischen oder wirtschaftlichen Fortschritts beizutragen.
2) Die Verbraucher müssen am entstehenden Gewinn angemessen beteiligt werden.
3) Die den Gründern oder dem JV auferlegten Wettbewerbsbeschränkungen dürfen nicht unerlässlich sein.
4) Durch das JV darf nicht die Möglichkeit eröffnet werden, für einen wesentlichen Teil der betroffenen Waren oder Dienstleistungen den Wettbewerb ganz auszuschalten.

Die BM 1993[139] zählt eine Reihe von Beurteilungsgrundsätzen auf, die sich auf mögliche Vor- und Nachteile von JV beziehen. Gefragt ist in jedem Fall eine wirtschaftliche Gesamtbilanz, die auch Nutzen und Risiken des JV berücksichtigt. Grundsätzlich strenger geprüft werden JV unter wirtschaftlich und finanziell starken Unternehmen sowie JV, die ein Oligopol weiter

---

[138] VO Nr. 17 Art. 4 I. Art. 4 II Nr. 2 sieht vom Anmeldeerfordernis ab für Vereinbarungen, an welchen ausschliesslich Unternehmen aus einem Mitgliedstaat beteiligt sind und dessen Tätigkeit auf diesen Mitgliedstaat beschränkt bleibt. Gleiches gilt für weitere, wenig weitgreifende Vereinbarungen. Zum Kartellverfahrensrecht vgl. insb. die Arbeit von KERSE, *Antitrust Procedure*.

[139] Ziff. 54 ff.

verengen. Ein besonderes Augenmerk verdienen ferner ganze Netze von JV[140]. Obwohl Art. 85 Abs. 3 EWGV an sich keine industrie- oder anderen politischen Erwägungen vorsieht, werden sie von der Kommission doch häufig mitberücksichtigt oder gar in den Vordergrund gestellt[141].

Als Beurteilungsmaxime betont die Kommission, dass GU auch für Dritte, insbesondere die Verbraucher, spürbare objektive Vorteile mit sich bringen müssen, die die nachteiligen Auswirkungen auf den Wettbewerb überwiegen. Als Konsumentenvorzüge in diesem Sinn werden aufgelistet[142]:

- Entwicklung neuer oder verbesserter Verfahren und Produkte und deren Markteinführung
- Erschliessung neuer Märkte bzw. geographische Ausdehnung des Absatzgebietes
- Erweiterung der Produktepalette
- Festigung des Binnenmarktes und Stärkung der betroffenen Wirtschaftszweige.

Mit JV können aber auch nachteilige Auswirkungen verbunden sein. Die Kommission führt zumal die folgenden schädlichen Effekte an[143]:

- Abstimmung des Wettbewerbsverhaltens
- Festsetzung der Preise
- Beschränkungen der Produktion und des Absatzes
- Aufteilung der Märkte
- Investitionsbeschränkungen und -verbote.

---

[140] BM 1993, Ziff. 5 und 57; vgl. vorn VI/2/d.

[141] Vgl. z.B. Olivetti/Canon (oben FN 97); Ford/VW (oben FN 107). Vgl. zu dieser industriepolitischen Debatte XXI. BERICHT ÜBER DIE WETTBEWERBSPOLITIK, Ziff. 45 ff.; XXII. BERICHT ÜBER DIE WETTBEWERBSPOLITIK, Ziff. 73, und die in FN 77 angeführten Fundstellen.

[142] BM 1993, Ziff. 55.

[143] BM 1993, Ziff. 56.

Anhand dieser Kriterien erstellt die Kommission eine Gesamtbilanz über das zur Beurteilung anstehende JV. Bei positivem Saldo kann eine Einzelfreistellung ausgesprochen werden.

3. Nebenabreden[144]

Mit der Gründung eines JV vereinbaren die beteiligten Unternehmen oft *zusätzliche* Wettbewerbsbeschränkungen, die ebenfalls einer kartellrechtlichen Würdigung bedürfen. Dabei werden grundsätzlich zwei Arten unterschieden: Zum einen stösst man auf Absprachen, die mit Errichtung und Tätigkeit des JV unmittelbar verbunden und für dieses notwendig sind. Sie können ohne Gefahr für Existenz und Funktionstauglichkeit des JV nicht vom grundlegenden Vertragswerk getrennt werden (sogenannte *notwendige Beschränkungen* oder *Nebenabreden*). Solche Beschränkungen folgen dem Schicksal des JV-Vertrages. Ist Art. 85 Abs. 1 EWGV auf das JV schlechthin nicht anwendbar oder wird es nach Art. 85 Abs. 3 EWGV freigestellt, gilt dasselbe für die Nebenabreden[145/146].

Zum andern werden nicht selten Absprachen getroffen, die über das für Existenz und Tätigkeit des GU notwendige Mass hinausreichen (sogenannte *zusätzliche Beschränkungen*). Sie werden gesondert nach Art. 85 Abs. 1 EWGV geprüft und müssen eigenständig sämtliche Freistellungsvoraussetzungen von Art. 85 Abs. 3 EWGV erfüllen. Ihre Beurteilung wird alsdann von derjenigen des GU abgetrennt[147].

---

[144] BM 1993, Ziff. 65 ff.

[145] BM 1993, Ziff. 66 f.; G/T/E-SCHRÖTER (FN 10), Art. 85 - Fallgruppen, RN 200 ff.; LOHSE (FN 3), 163 ff.

[146] Zur Prüfung der Nebenabreden bei der Fusionskontrolle und dem Zustand vor der BM 1993 vgl. MÄLZER (FN 11), 716 f.; BOS/STUYCK/WYTINCK (FN 11), 4-250 ff.; GLEISS/HIRSCH/BURKERT (FN 25), RN 541, 602 ff.; MIERSCH (FN 40), 110 ff., 180. Über Nebenabreden bei konzentrativen GU vgl. stellvertretend GLEISS/HIRSCH/BURKERT (FN 25), RN 568 ff.

[147] Vgl. BM 1993, Ziff. 68; G/T/E-SCHRÖTER (FN 10), Art. 85 - Fallgruppen, RN 200.

Mit der Regelung in der BM 1993 ist die Behandlung von Nebenabreden nach der FKVO und nach Art. 85 EWGV grundsätzlich gleichgeschaltet worden[148]. In der Folge besteht in diesem Bereich kein Konzentrationsprivileg[149]. Was die zukünftige Rechtsfortbildung anlangt, wird wohl eine Anlehnung an die Praxis zur Fusionskontrolle stattfinden können (und müssen)[150/151].

Mit der seit der BM 1993 geltenden Beurteilung von Nebenabreden ist ein Gestaltungsspielraum für kooperative GU geschaffen worden, der zulässt, dass auch unter Wettbewerbern und in ihrem wettbewerblichen Umfeld Absprachen getroffen werden können, die nicht als wettbewerbsbeschränkend qualifiziert sind[152]. Per Saldo wird man die Haltung der Kommission als recht generös ansehen dürfen[153]. Insbesondere bleiben nunmehr Nebenabreden toleriert, die dem GU dazu dienen, über Anlaufschwierigkeiten besser hinwegzukommen[154].

Als JV-rechtlich miterfasste Nebenabreden gelten etwa[155]:

- Absprachen, die den Geschäftszweck des JV konkretisieren (Produktionsprogramm, Fabrikationsstandort, Hauptabsatzgebiet, Grenzen der Zusammenarbeit usw.)

---

[148] Gl.M. SCHERF (FN 41), 256.

[149] Noch anders MÄLZER (FN 11), 717.

[150] Eine kurze Darstellung dieser Praxis befindet sich bei SCHERF (FN 41), 252 f.

[151] Nach Art. 8 Abs. 2 Satz 2 FKVO erstreckt sich die Beurteilung des Zusammenschlusses auch auf die "mit seiner Durchführung unmittelbar verbundenen und für sie notwendigen" Nebenabreden. Vgl. auch die Bekanntmachung der Kommission über Nebenabreden zu Zusammenschlüssen (vorn FN 21).

[152] Vgl. SCHERF (FN 3), 302.

[153] Vgl. vorn VI/1.

[154] Vgl. nachfolgende Beispiele.

[155] Vgl. BM 1993, Ziff. 71 ff.; G/T/E-SCHRÖTER (FN 10), Art. 85 - Fallgruppen, RN 201 f.; VAN BAEL/BELLIS (FN 10), 265; SCHERF (FN 3), 302.

- Konkurrenzverbote, das heisst Vereinbarungen, wonach das JV keine Erzeugnisse herstellen oder vertreiben darf, die mit den lizenzierten Erzeugnissen konkurrieren
- Einschränkungen des erlaubten Anwendungsbereiches der dem JV zur Verfügung gestellten Technologie
- Bezugs- und Lieferverpflichtungen gegenüber den Gründern in der Anlaufperiode des JV
- den Gründern auferlegte Wettbewerbsverbote zugunsten des GU oder eine Untersagung des aktiven Wettbewerbs im Tätigkeitsbereich des GU zumindest während der Anlaufperiode des GU[156].

Hingegen erfahren die folgenden (zu weit gehenden) Absprachen eine eigenständige Beurteilung[157]:

- Quotenabsprachen, Preisfestlegung und Kundenaufteilung sowie Ein- und Ausfuhrverbote; sie unterliegen allermeistens einem per-se-Verbot
- Verpflichtung zur Erteilung ausschliesslicher Lizenzen, die das JV vor dem Wettbewerb des Lizenzgebers und anderer Lizenznehmer schützen. Für diese Klausel findet regelmässig eine Einzelfallprüfung statt.

---

[156] Solche "Rückzugsklauseln" können auch verwendet werden, um die Einordnung des JV als konzentratives GU zu bewirken. Ausserdem mag die Kommission sie bei der Beurteilung, ob aktueller oder potentieller Wettbewerb existiert, berücksichtigen. Dazu GLEISS/HIRSCH/BURKERT (FN 25), RN 569.

[157] Vgl. BM 1993, Ziff. 71; vgl. zudem Literatur FN 155.

4. Beispiele einzelner Arten von Joint Venture und deren Beurteilung nach Art. 85 Abs. 1 EWGV bzw. Freistellung nach Art. 85 Abs. 3 EWGV (mit ausgewählten Fällen)

Die folgenden Ausführungen betreffen allein JV zwischen Wettbewerbern. Wie bereits festgehalten, erscheinen JV zwischen Nichtwettbewerbern meist als unproblematisch und bedürfen nur selten einer eingehenderen kartellrechtlichen Untersuchung.

a) FuE-Joint Venture[158]

Auch wenn FuE-JV keine GFVO in Anspruch nehmen können – zum Beispiel wegen zu hohen Marktanteilen oder wegen zu weit gehenden Absprachen –, werden sie im Regelfall positiv beurteilt. Die gesamtwirtschaftlichen Vorteile sind meistens höher zu veranschlagen als die Nachteile für den Wettbewerb[159].

Beinhaltet ein solches JV nicht nur FuE, sondern auch die Produktion und den Vertrieb der aus der Forschung hervorgegangenen Produkte, unterliegt es denselben Beurteilungsgrundsätzen wie Vollfunktions-JV[160].

---

[158] BM 1993, Ziff. 37 und 59. Vgl. VAN BAEL/BELLIS (FN 10), 275 ff.; MEYER, passim (FN 89); GLEISS/HIRSCH/BURKERT (FN 25), RN 447 ff.; G/T/E-DRAUZ (FN 10), Art. 85 -Fallgruppen, RN 67 ff.; BASEDOW/JUNG (FN 1), 172 f., 195. Über FuE-Vereinbarungen im kartellfreien Bereich vgl. insb. GLEISS/HIRSCH/BURKERT (FN 25), RN 447 ff. Zur ganzen FuE-Problematik siehe den aktuellen und sehr instruktiven Fall BP Chemicals/Enichem, Sache IV/34.653, Mitteilung der Kommission vom 8. Oktober 1993.

[159] Bei Verzicht auf eigene Forschungstätigkeit ist zumal der Innovationswettbewerb betroffen. Vgl. Henkel/Colgate, ABl 1972, Nr. L 14, 14; Beecham/Parke, Davis, ABl. 1979, Nr. 170, 11. Das betrifft auch den Fall, wo die GU-Partner nicht mehr selbständig über die Höhe der FuE-Investitionen entscheiden können; siehe BP Chemicals/Enichem, a.a.O.

[160] BM 1993, Ziff. 37 und 59.

- **Fall: BBC/NGK**[161]

BBC und NGK (ein japanischer Grosskonzern im Keramikbereich) gründeten ein GU für die Entwicklung von Hochleistungsbatterien. Sie verpflichteten sich, einander gegenseitige ausschliessliche Lizenzen bezüglich Know-how und Verbesserungswissen zu gewähren. Mit Blick auf die Produktion blieben die beiden Gründerunternehmen frei.

Als kritischste Klausel galt die gegenseitige Gewährung eines Gebietsschutzes. NGK erhielt eine ausschliessliche Lizenz für den gesamten fernöstlichen Bereich; BBC wurde eine Exklusivität während zehn Jahren gegenüber NGK und während fünfzehn Jahren gegenüber Dritten für das Gebiet der EG garantiert.

Alle Voraussetzungen von Art. 85 Abs. 1 EWGV wurden als erfüllt angesehen. Insbesondere die Gewährung ausschliesslicher Know-how-Lizenzen, welche Dritte ausschliessen, und der Gebietsschutz, jede Konkurrenz zwischen BBC und NGK für mindestens zehn Jahre stranguliert, beschränken den Wettbewerb spürbar und beeinträchtigen den Handel zwischen den Mitgliedstaaten[162].

Die FuE-GFVO konnte wegen der Marktaufteilung nicht zur Anwendung gelangen. Die Kommission erachtete indessen alle Freistellungsvoraussetzungen als erfüllt. Ausschlaggebend war die grundlegende technologische Neuheit des zu entwickelnden Produktes und dessen umweltschutzpolitischer Stellenwert. Die sonst so verpönten Gebietsexklusivitäten wurden mit dem ungewöhnlich hohen (zeitlichen wie finanziellen) Entwicklungsaufwand und dem grossen Vermarktungsrisiko gerechtfertigt. Angesichts der notwendigen Absicherung der Amortisation des Entwicklungsaufwandes erschien eine Schutzdauer von zehn bzw. fünfzehn Jahren als angemessen.

---

[161] ABl 1988, Nr. L 301, 68.

[162] Eine Aufteilung der Märkte oder Versorgungsquellen ist in Art. 85 Abs. 1 lit. c EWGV explizit erfasst. Vgl. z.B. Grundig/Consten, ABl 1964, 2545. Einlässlicher etwa der Kommentar bei MEIER-SCHATZ (FN 10), Bd. 2, 157 f.

b) Verkaufs-Joint Venture[163]

Verkaufs-JV werden von der Kommission grundsätzlich negativ beurteilt[164], da sie in der Regel den Preiswettbewerb zwischen den Gründern ausschliessen und oft Mengenbeschränkungen zum Gegenstand haben. Ausserdem verringern sie die Wahlmöglichkeiten der Käufer. "Sie gehören zu den traditionellen horizontalen Kartellen, die bei spürbaren Auswirkungen auf den Markt stets vom Verbot des Art. 85 Abs. 1 EWGV erfasst werden."[165]

Hingegen wird der gemeinsame Verkauf im Zusammenhang mit einer weitergehenden Kooperation, zum Beispiel im Rahmen einer im Lichte von Art. 85 Abs. 3 EWGV günstig zu beurteilenden Spezialisierungs- oder FuE-Vereinbarung, von der Kommission häufig positiv beurteilt[166]. Auch Verkaufskooperationen von kleinen und mittleren Unternehmen, die damit ein Gegengewicht zu den Absatzorganisationen grosser, überlegener Wettbewerber schaffen wollen, werden grosszügiger behandelt[167].

- **Fall: Astra**[168]

British Telecommunications (BT) und Société Européenne des Satellites SA (SES) trafen mehrere Vereinbarungen, unter anderem über die Gründung des JV "Astra". BT war in Grossbritannien das einzige Unternehmen, welches Erdfunkstellen zur Signalübertragung

---

[163] BM 1993, Ziff. 38 und 60. Vgl. auch die dort in FN 44 angeführten Fälle und Entscheide. Aus der Literatur (mit Darstellung der Praxis) vgl. VAN BAEL/BELLIS (FN 10), 528; G/T/E-DRAUZ (FN 10), Art. 85 - Fallgruppen, RN 106 ff.; GLEISS/HIRSCH/BURKERT (FN 25), RN 509 ff.

[164] Die BM 1968 erfasst nur Verkaufs-JV von Nichtwettbewerbern; vgl. dazu z.B. Wild/Leitz, ABl 1972, Nr. L 61, 27.

[165] BM 1993, Ziff. 38.

[166] Vgl. wiederum die durch die VO Nr. 151/93 geänderten GFVO, die neuerdings auch den gemeinsamen Vertrieb erfassen (vgl. oben FN 18).

[167] Sopelem/Vickers I, ABl 1978, Nr. L 70, 47, und Sopelem/Vickers II, ABl 1981, Nr. L 391, 1.

[168] ABl 1993, Nr. L 20, 23. Astra spielt derzeit auf dem Satelliten-TV-Markt eine bedeutende Rolle.

an Satelliten unterhielt, SES Eigentümerin eines Satelliten mit 16 Transpondern, die der Verstärkung und Rückstrahlung der Signale auf die Erde dienen. Nach der Vereinbarung sollten alle in Grossbritannien hergestellten und via Astra gesendeten Programme über das JV vermarktet werden. BT war ausserdem Mitunterzeichner von Eutelsat, welche vier Fernmeldesatelliten unterhält. Nach dem Eutelsat-Vertrag war es nicht gestattet, daneben ohne spezielle Zulassung andere Satelliten zu betreiben.

Mit der letztgenannten Vereinbarung wurde der Wettbewerb auf den Märkten für die Bereitstellung von Satellitentranspondern, für die Übertragung von Fernsehsendungen sowie für die Erdfunkstellen beschränkt und damit Art. 85 Abs. 1 EWGV verletzt. Aufgrund der Mitgliedschaft von BT bei Eutelsat und entsprechenden Vereinbarungen mit SES war Astra in der Lage, Preisabstimmungen zu betreiben, so dass sämtliche Transponderkapazitäten nur zu gleichen, nicht wettbewerblichen Bedingungen erhältlich waren.

SES, ein direkter Konkurrent von BT, verpflichtete sich, den Zugang zu den Astra-Transpondern bloss über die Erdfunkstellen von BT zu gewähren. BT wurde so Vertragspartner aller Programmanbieter, die den Satelliten Astra beanspruchen wollen. Bei der Nutzung der Erdfunkstellen blieb der Wettbewerb auf diese Weise völlig beseitigt. Diese Wettbewerbsausschaltung führte dazu, dass den Kunden nur Pauschalverträge unterbreitet wurden, deren einzelne Bedingungen nicht aushandelbar waren.

Die Kommission gelangte zur Schlussfolgerung, dass die Vereinbarung zwischen BT und SES keine Verbesserungen oder Nutzwirkungen auf dem Markt herbeigeführt hat. Auch die Notwendigkeit der Vereinbarungen für den Zugang von SES zum Markt für die Vermietung von Transponderkapazitäten wurde von der Kommission bestritten. Die übrigen Voraussetzungen von Art. 85 Abs. 3 EWGV waren deshalb erst gar nicht mehr zu prüfen. Das GU konnte mithin nicht freigestellt werden.

c) **Einkaufs-Joint Venture**[169]

Die Hauptproblematik von Einkaufs-JV liegt in der Festsetzung einheitlicher Einkaufspreise und -bedingungen und der häufigen Festlegung von Bezugsquoten, die sich auch auf den (insbesondere preislichen) Angebotswettbewerb auswirken. Ausserdem kann sich in Einkaufs-JV Nachfragemacht zusammenballen, die negative Effekte auf die Marktgegenseite zeitigt und den Wettbewerb zwischen Lieferanten verfälscht.

---

[169] BM 1993, Ziff. 39 und 61 (mit Übersicht über das einschlägige Fallrecht in FN 45). Vgl. z.B. VAN BAEL/BELLIS (FN 10), 293 f.; G/T/E-DRAUZ (FN 10), Art. 85 - Fallgruppen, RN 117 ff.; GLEISS/HIRSCH/BURKERT (FN 25), RN 521 ff.

Wie bei den Verkaufs-Kooperationen greift auch hier eine günstigere Betrachtung, wenn kleine und mittlere Unternehmen – im Geiste einer "countervailing power" – grossen Lieferanten Gewicht entgegensetzen wollen[170].

Die Kommission erklärt sich nur in Ausnahmefällen bereit, eine Freistellung zu erteilen. Als Mindestvoraussetzung erwartet sie, dass den Gründern neben den Bezügen über das JV auch individuelle Einkäufe gestattet sind[171].

Zu den wirtschaftlich bedeutenden Einkaufsgemeinschaften des Handels sind – trotz der akuten Problemrelevanz – bisher noch keine Entscheidungen ergangen[172].

d) Produktions-Joint Venture[173]

Nach denselben Grundsätzen wie Einkaufs-JV sind GU zu beurteilen, die für konkurrierende Gründer Vor- und Zwischenprodukte herstellen. Andere Produktions-JV sind keiner Pauschalbewertung zugänglich. Die Motivation zu deren Gründung kann vielfältig sein. So mögen sie sowohl der Ausweitung von Produktionskapazitäten als auch deren Reduzierung dienen.

---

[170] Vgl. EHLERMANN, *Veränderte Wettbewerbsbedingungen für den Mittelstand im Europäischen Binnenmarkt*, 1008 f.

[171] Vgl. GLEISS/HIRSCH/BURKERT, RN 521 ff., zur Besprechung der Freistellungspraxis insb. RN 526.

[172] Zu den Handelskooperationen vgl. etwa OLESCH, *Die wirtschaftliche Bedeutung der Verbundgruppen des Handels in Deutschland*, 3 f.; MERSE, *Die deutschen Verbundsgruppen als Partner für in- und ausländische Lieferanten*, 7 f. Über strategische Allianzen HOLLMANN, *Strategische Allianzen - Unternehmens- und wettbewerbspolitische Aspekte*, 293 f.

[173] BM 1993, Ziff. 40 und 62 f. (mit Auflistung der wichtigsten Kommissionsentscheide in FN 45). Zu Spezialisierungs-JV vgl. VAN BAEL/BELLIS (FN 10), 287 ff.; ebenso GLEISS/HIRSCH/BURKERT, RN 527 ff.; G/T/E-DRAUZ (FN 10), Art. 85 - Fallgruppen, RN 82 ff.

Auf jeden Fall wird eine bestimmte Anpassung der Preise und der Qualität nicht auszuschliessen sein, insbesondere wenn das GU die gesamte Produktionstätigkeit der Gründer auf sich vereinigt. Die Gründerunternehmen verkommen so zu Vertriebsunternehmen und konkurrieren im wesentlichen nur noch mit unterschiedlichen Handelsmargen.

e) Vollfunktions-Joint Venture[174]

Umfassende JV nehmen von der FuE über die Produktion und den Vertrieb alle Funktionen eines Unternehmens wahr. Dabei sind drei verschiedene Konstellationen zu unterscheiden[175]:

- Das GU und die Gründer sind auf demselben Markt tätig. Alsdann ist eine Einschränkung des Wettbewerbs unvermeidbar.
- Das GU ist auf einem Markt tätig, der dem der Gründer vor- oder nachgelagert ist. Die Wirkungen auf den Wettbewerb sind ersichtlich dieselben wie im Fall eines Produktions-GU.
- Das GU ist auf einem benachbarten Markt tätig. Wettbewerbsbeschränkungen sind nur dann wahrscheinlich, wenn eine hochgradige Reaktionsverbundenheit zwischen den Märkten besteht, so etwa wenn die darauf ausgetauschten Produkte komplementär sind.

Die Kommission schätzt Vollfunktions-JV meist positiv ein, weshalb sie regelmässig auch einer Freistellung zugänglich sind. In deren eigenen Worten stellen sie "Elemente eines dynamischen Wettbewerbs dar und verdienen dann eine günstige Beurteilung"[176].

---

[174] BM 1993, Ziff. 41 und 64. In FN 48 der BM findet man abermals eine einlässliche Liste bisher entschiedener Fälle. Aus der neuesten Praxis vgl. Papeteries de Golbey, Sache IV/34.004, Mitteilung der Kommission vom 18. Sepember 1993.

[175] Vgl. insb. BM 1993, Ziff. 41; siehe ausserdem GLEISS/HIRSCH/BURKERT (FN 25), RN 574 f.

[176] BM 1993, Ziff. 64. Vollfunktionsunternehmen sind positiv zu bewerten, weil sie die Zahl der Wettbewerber erhöhen. So besonders pointiert EHLERMANN, *Der Beitrag der Wettbewerbspolitik zum Europäischen Binnenmarkt*, 11.

Eine Ausnahme bilden solche JV, die verdeckte Preis-, Quoten- oder Marktaufteilungskartelle sind oder die versuchen, die Investitionspolitik der Gründer umfassend zu koordinieren.

Durch die Kooperation grosser Gründerunternehmen kann das JV eine wirtschaftliche und finanzielle Machtstellung erlangen, die kartellrechtliche Vorbehalte weckt. Als Unbedenklichkeitsgrenze möchte die Kommission die Marktanteilsschwellen der GFVO von zehn Prozent heranziehen. Allerdings soll nicht eine generelle gesetzliche Vermutung, sondern bloss eine Orientierungsrichtlinie greifen. Wird diese Schwelle überschritten, kommt eine Freistellung erst nach der Prüfung aller Umstände des Einzelfalles in Betracht.

Im Kontext bleibt ein wichtiges Zugeständnis der Kommission zu erwähnen, das einer spezifischen Generalausnahme für JV vom Verbot des Art. 85 Abs. 1 EWGV nahekommt und nochmals die positive Grundeinstellung der Kommission gegenüber JV betont. Danach bedürfen JV weder einer Prüfung nach Art. 85 Abs. 1 EWGV noch einer Freistellung nach Art. 85 Abs. 3 EWGV, wenn "die Zusammenarbeit in der Form eines GU für die Gründer bei objektiver wirtschaftlicher Betrachtungsweise die einzige Möglichkeit darstellt, um in einen neuen Markt einzudringen oder sich in ihrem bisherigen Markt zu behaupten, und ihre dortige Präsenz den Wettbewerb verstärkt oder dessen Abschwächung verhindert"[177]. Diese Diagnose erfolgt nach den selben Kriterien wie die Feststellung eines potentiellen Wettbewerbsverhältnisses[178]. Auch hier gilt der Grundsatz, dass die Zusammenarbeit nur (aber immerhin) so weit gehen darf, wie dies den Zweck erheischt. Die einzelnen Stufen der Kooperation müssen alsdann gesondert betrachtet werden[179].

---

[177] BM 1993, Ziff. 42.

[178] Richtig hervorgehoben von SCHERF (FN 3), 302.

[179] Vgl. auch Ziff. 64 der BM 1993.

- **Fall: Fiat/Hitachi**[180]

Fiat und Hitachi meldeten ein JV an, das Hydraulik-Bagger herstellt, vertreibt und verkauft. Da der Markt stark rückläufig war – was sich auch in Strukturveränderungen niederschlug –, waren Marktaustritte, Fusionen und Gründungen von GU offenbar häufig. Die acht grössten Hersteller teilten sich 72 Prozent des EG-Marktes auf. Fiat lag an fünfter Stelle, Hitachi war als Anbieter vernachlässigbar. Gemeinsam standen sie mit rund 12 Prozent an vierter Stelle.

Das JV übernahm das gesamte Fiat-Programm von Baggern, hatte aber eine neue Fiat-Hitachi-Palette mit Hitachi-Technologie zu entwickeln. Das GU verfügt über Ausschliesslichkeitsrechte für ganz Westeuropa, den Mittelmeerraum sowie Afrika und hat nicht-ausschliesslichen Zugang zu den USA. Für die restliche Welt besitzt Hitachi Exklusivitätsrechte. Allerdings besteht kein absoluter Gebietsschutz, da passive Verkäufe in das Vertragsgebiet der anderen Partei zulässig sind. Es dürfen somit keine aktiven Verkaufsbemühungen im gegnerischen Vertragsgebiet angestrengt, jedoch Bestellaufträge angenommen und ausgeführt werden.

Fiat und Hitachi gewährten dem GU unwiderrufliche und zeitlich unbegrenzte Lizenzen für die einschlägigen Technologien. Das GU wird alle Motoren von Iveco (Fiat) und alle Hydraulikteile bei Hitachi beziehen (Alleinbezugsverpflichtung). Die beiden Gründer bleiben grundsätzlich noch auf demselben Produktemarkt tätig.

Durch die Vereinbarung, nicht mit den GU zu konkurrieren und wegen der Marktaufteilung (trotz passiver Verkaufsmöglichkeit), wird der Wettbewerb untereinander sowie zwischen den Gründern und dem GU erheblich eingeschränkt. Die Alleinbezugsverpflichtung bezüglich Motoren und Hydraulikteile lässt Dritten keine Absatzmöglichkeit und verletzt somit ebenfalls Art. 85 Abs. 1 EWGV.

Das JV ermöglicht die Produktion besserer Bagger dank überlegener Komponenten (Verbesserung der Warenerzeugung). Zudem wird der Vertrieb dank Zusammenlegung der Absatzorganisation optimiert (Verbesserung der Warenverteilung). Mit einem Marktanteil von voraussichtlich 16 Prozent besteht keine marktbeherrschende Stellung, und der Wettbewerb wird hierdurch nicht ausgeschlossen. Die Wettbewerbsbeschränkungen gehen nicht über das zulässige Mass hinaus. Sie hängen mit der GU-Gründung zusammen und scheinen für seinen Betrieb mehr oder weniger notwendig zu sein.

---

[180] ABl 1993, Nr. L 20, 10.

VIII. Schlussbemerkungen

Die kartellrechtliche Beurteilung von JV liegt im wettbewerbspolitisch wie -theoretisch höchst brisanten Spannungsfeld zwischen der (fusionsrechtlichen) Struktur- und der (kartellrechtlichen) Verhaltenskontrolle[181]. Unter dem derzeitigen EG-Kartellrechtsregime spielt das Konzentrationsprivileg, werden sonach konzentrative gegenüber kooperativen GU klar bevorzugt. Dies ist immer wieder als wettbewerbspolitisches Paradoxon gebrandmarkt worden[182]. In der Tat befremdet auf erstes Zusehen, dass die an sich intensivere Form der Wettbewerbsbeschränkung kartellrechtlich besser abschneidet. Immerhin ist die (fast in allen Kartellrechten anzutreffende) Begründung im Auge zu behalten, wonach strukturellen Veränderungen in der Wirtschaft keine (übermässigen) kartellrechtlichen Hürden aufgebaut werden sollen und die Wettbewerbspolitik sich daher vorrangig auf Verhaltenskontrolle konzentrieren muss[183]. Das Argument mag in materiellrechtlicher Hinsicht noch überzeugen. Indessen fällt die Einsicht schwer, warum konzentrative und kooperative JV nicht (wenigstens) hinsichtlich Prüfung und Verfahrensrecht einander an die Seite gestellt werden können.

Dem Rechtsberater verbleibt freilich für den Augenblick die praktische Folgerung, dass ihm zur Beurteilung und Gestaltung überwiesene GU wenn immer möglich als konzentrative qualifizierbar bleiben sollten[184]. In diesem Zusammenhang mag (zwecks Vermeidung potentiellen Wettbewerbes durch die Partnergesellschaften) weiterhelfen, den Gründerunternehmen ein eigentliches Wettbewerbsverbot aufzuerlegen. Wie der Fall Dräger/

---

[181] Vgl. dazu etwa MEESSEN (FN 1), 903 f.; SCHMIDT, *Gemeinschaftsunternehmen im Recht der Wettbewerbsbeschränkungen*, 335; SCHERF (FN 41), 245 f., oben V/1. Mit einem anschaulichen Anwendungsbeispiel MÄLZER (FN 11), 715 f.

[182] Vgl. etwa die Hinweise bei KIETHE/SCHWAB (FN 23), 314, sowie SEDEMUND (FN 34), 8 und 17.

[183] So (statt vieler) SEDEMUND (FN 34), 8.

[184] MEESSEN (FN 1), 184, kritisiert diese Anreizwirkung für die konkrete Ausgestaltung von JV-Vereinbarungen, zumal bezüglich der Festlegung einer nicht wirklich beabsichtigten Dauer. Vgl. dazu auch oben V/2/a.

IBM/HMP[185] zeigt, kann ein solcher (an sich kartellrechtlich wiederum paradoxer)[186] Kunstgriff im Einzelfall weiterhelfen. Noch offen steht, wieweit die Kommission das Argument grundsätzlich zulässt[187].

Hinsichtlich der *europakartellrechtlichen* Analyse von JV fällt auf, dass diese auf der Grundlage eines dichten und ausdifferenzierten Normenkomplexes von Verordnungen, Bekanntmachungen und Entscheidungen der Kommission bzw. des Gerichtshofes zu erfolgen hat. Das einschlägige Recht befindet sich mithin in einer Gemengelage zwischen den allgemeinen kartellrechtlichen Bestimmungen und vielschichtigen Sonderregeln. Noch immer fehlt es indessen an einer Gruppenfreistellungsverordnung, welche sich spezifisch den GU annimmt.

Die mit den BM 1990 und BM 1993 offenbarten Bemühungen der Kommission um erhöhte Transparenz und Rechtssicherheit sind sicherlich dem Prinzip nach zu begrüssen. Sie erleichtern dem Rechtsberater die Transaktionsplanung und die Voraussicht auf die wettbewerbsbehördliche Überprüfung[188]. Gleichwohl hält sich der Ertrag aus den Bemühungen der Kommission um vermehrte Voraussehbarkeit via Spezialerlasse ersichtlich in Grenzen. So bleibt die Abgrenzung zwischen kooperativen und konzentrativen JV namentlich bei komplexeren Mischformen noch immer weitgehend im Dunkeln[189]. Die BM 1993 liefert zwar wichtige (und wertvolle) Informationen, indem sie – freilich ohne wettbewerbsrechtlichen Innovationsschub – die bisherige Praxis zusammenfasst und bewertet[190]. Mit Blick auf die zahlreichen offenen Rechtsbegriffe sowie auf die immer wieder anzutreffenden Verweise auf den Einzelfall darf indessen mit Fug

---

[185] Sache IV/M. 101, Entscheidung der Kommission vom 28. Juni 1991.

[186] Dies deshalb, weil via Wettbewerbsverbote zusätzliche Konkurrenzbeschränkungen auferlegt werden.

[187] Vgl. zu diesem Problemkreis namentlich SEDEMUND (FN 34), 11.

[188] Gl.M. KIETHE/SCHWAB (FN 23), 315.

[189] So sehr deutlich (im Ergebnis) SEDEMUND (FN 34), 17; vgl. im weiteren auch KLEINMANN (FN 74), 611.

[190] Wie hier KIETHE/SCHWAB (FN 23), 315.

angezweifelt werden, ob der gewünschte Grad an Rechtssicherheit in der Tat realisiert worden ist.

Die bestehende Situation wird weiterhin als unbefriedigend empfunden. Jüngere Verbesserungsvorschläge[191] zielen allesamt in die Richtung, dass die kartellrechtliche Beurteilung von konzentrativen und kooperativen JV einander angeglichen wird. So ist kürzlich die Errichtung von GU "zwischen Markt und Hierarchie" verortet und zum Ausdruck gebracht worden, dass sie zwischen Verhaltensabstimmung und Strukturveränderung zu klassifizieren sind[192]. Wie sehr sich die Kommission mit der künstlichen Trennung der beiden JV-Formen schwer tut, belegen ihre Angleichungsbemühungen und ihre Entscheidpraxis[193]. Indessen dürfte feststehen, dass das Konzentrationsprivileg auf diese Weise nicht beseitigt werden kann. Gefragt sind tiefergreifende Massnahmen. So wundert man sich nicht über Vorschläge im Schrifttum, eine eigene Gruppenfreistellungsverordnung für GU zu schaffen, um damit dem Prokrustesbett der Zuordnung zu Verhaltens- bzw. Strukturkontrolle zu entgehen[194]. JV bekämen somit einen eigenen Status und eigens für sie entwickelte Beurteilungsgrundsätze (die natürlich die bisherigen Erfahrungen mitberücksichtigen), die ihrem Wesen als eigenständige Form unternehmerischen Handelns womöglich besser gerecht würden.

Die insgesamt positiven Auswirkungen auf den Industriestandort Europa[195] sollten zu einer sorgfältigen Überprüfung der Frage nach Erlass eines solchen kartellrechtlichen Sonderregimes anregen. Denn bessere (und besser voraussehbare) rechtliche Rahmenbedingungen in Form einer kodifizierten Gruppenfreistellungsverordnung bilden wohl allemal eine langfristig erfolgreichere Problemlösung als eine reichlich eklektische (und erst noch industriepolitisch aufgeladene) Einzelfallindikatur der Kommission.

---

[191] Vgl. MEESSEN (FN 1), 907 f., der verschiedene Änderungsanregungen anderer Autoren vorstellt und diskutiert.

[192] Vgl. dazu auch oben V/1.

[193] Vgl. MEESSEN (FN 1), 904 ff., 909 i.f.; oben V/1/d, VI/1, VII/3.

[194] Vgl. MEESSEN (FN 1), 908 f., mit konkreten Ausgestaltungsvorschlägen.

[195] Vgl. MEESSEN (FN 1), 909.

Was die grundsätzliche wettbewerbspolitische Haltung der Kommission anlangt, wird man sicherlich deren flexiblere und realitätsnähere Betrachtung begrüssen müssen[196]. Die Kommission hat offenkundig die Vorstellung "endgültig aufgegeben, dass bereits die Gründung eines GU durch Wettbewerber mit einem Arbeitsgebiet in deren eigenem wettbewerblichen Umfeld zu einer Wettbewerbsbeschränkung führt"[197]. Der erhöhte Toleranzgrad zeigt sich sowohl beim Konzept zum potentiellen Wettbewerb, bei den tolerierten Nebenabreden (insbesondere in der "start up"-Phase) sowie im Globalplazet, falls allein via JV ein Projekt verwirklicht bzw. ein Markt erschlossen werden kann.

Gleichwohl bleibt es europakartellrechtlich noch immer bei einer (angesichts der Komplexität und der Pluralität des Phänomens nicht unverständlichen) Einzelfallbetrachtung von JV-Projekten. Der Rechtsberater stellt hierbei eine alles in allem lobenswerte Sachnähe der Wettbewerbsbehörden fest, die im Regelfall zu bemerkenswert vernünftigen operativen Ergebnissen führt[198]. Der Kartellrechtler diagnostiziert freilich gelegentlich wettbewerbspolitisch nicht leicht nachvollziehbare (beinahe zu tolerante) Befunde dann, wenn sich die Kommission industriepolitische Gewinne verspricht, wenn es sonach um die Genehmigung von Projekten geht, die eine Stärkung der Wettbewerbsfähigkeit der europäischen Industrie und des technologischen Fortschrittes in Aussicht stellen.

Der *Schweizer* Rechtsberater steht nach all diesen Ausführungen vor dem folgenden *Fazit*: Im Blick auf die weitreichende (um nicht zu sagen: aggressive) Handhabung des Auswirkungsprinzipes[199] ist auch für hierzulande ansässige Firmen höchste Aufmerksamkeit geboten. Wenn immer ein JV eines Schweizer Unternehmens den EG-Markt berührt oder auch nur berühren könnte, muss ihm ein "red light" aufleuchten. Angesichts der sehr schwierigen und weithin (noch) immer offenen Rechtslage gebietet sich eine

---

[196] Ähnlich SCHERF (FN 3), 304; KIETHE/SCHWAB (FN 23), 314.
[197] SCHERF (FN 3), 302; vgl. auch oben FN 98.
[198] Wie hier SCHERF (FN 3), 302.
[199] Vgl. oben FN 8.

äusserst sorgfältige Abklärung des einzelnen GU-Projektes. Obwohl die Kommission seit einiger Zeit kooperationsfreundlichere Züge verrät, empfiehlt sich aus transaktionsspezifischer Sicht eine aufmerksame Planung und Prüfung des JV-Vorhabens auch (und gerade) aus der Sicht des europäischen Kartellrechts.

Literatur

BAPTISTA, L.O./DURANT, D./BARTHEZ, P., *Les associations d'entreprises (Joint ventures) dans les commerces internationales*, 2. Aufl., 1991.
BASEDOW, J./JUNG, CH., *Strategische Allianzen*, 1993.
BELLAMY, CH./CHILD, G.D., *Common Market Law of Competition*, 3rd ed., 1987.
BLANK, J., *Europäische Fusionskontrolle im Rahmen der Art. 85, 86 des EWG-Vertrages*, 1991.
BLEICHER, K./HERRMANN, R., *Joint-Venture-Management*, 1991.
BOS, P./STUYCK, J./WYTINCK, P., *Concentration Control in the European Economic Community*, 1992.
BRITTAN, L., *Competition Policy and Merger Control in the Single European Market*, 1991.
BUNTE, H.-J./SAUTER, H., *Die Gruppenfreistellungsvereinbarungen im EWG-Kartellrecht*, 1988.
DRAUZ, G./SCHROEDER, D., *Praxis der Europäischen Fusionskontrolle*, RWS-Skript 232, 1992.
EHLERMANN, C.D., *Der Beitrag der Wettbewerbspolitik zum Europäischen Binnenmarkt*, WuW 1992, 5 ff.
EHLERMANN, C.D., *Veränderte Wettbewerbsbedingungen für den Mittelstand im Europäischen Binnenmarkt*, WuW 1992, 1005 ff.
EINSELE, D., *Auswirkungen der europäischen Fusionskontrollverordnung auf Gemeinschaftsunternehmen*, RIW Beilage 2 zu Heft 8/1992.
EMMERICH, V., *Kartellrecht*, 6. Aufl., 1991.
FEIN, F.L., *EC Commission's guidelines for joint ventures: In search of a cohesive policy*, International Business Lawyer 1992, 351 f.
GLEISS, A./HIRSCH, M./BURKERT, T.O.J., *Kommentar zum EG-Kartellrecht*, 4. Aufl., Heidelberg 1993.
GOYDER, D.G., *EC Competition Law*, 2nd ed., 1993.
GRABITZ, E. (Hrsg.), *Kommentar zum EWG-Vertrag*, 1990 (GRABITZ-BEARBEITER).
GROEBEN, H. V.D./THIESING, J./EHLERMANN, C.D. (Hrsg.), *Kommentar zum EWG-Vertrag*, 4. Aufl., 1991 (G/T/E-BEARBEITER).

GROGER, T./JANICKI, T., *Weiterentwicklung des Europäischen Wettbewerbsrechts*, WuW 1992, 991 ff.

HOLLMANN, H.H., *Strategische Allianzen - Unternehmens- und wettbewerbspolitische Aspekte*, WuW 1992, 293 ff.

ILIOPOULOS, L., *Gemeinschaftsunternehmen im EGKS- und EWG-Kartellrecht*, 1986.

IMMENGA, U., *Die Sicherung unverfälschten Wettbewerbs durch Europäische Fusionskontrolle*, WuW 1990, 371 ff.

KERSE, C.S., *EEC Antitrust Procedure*, 2nd ed., 1988.

KIETHE, K./SCHWAB, M., *Neue Interpretationsgrundsätze zur EG-rechtlichen Beurteilung von kooperativen Gemeinschaftsunternehmen*, EuZW 1993, 314 ff.

KLEINMANN, W., *Die Anwendbarkeit der EG-Fusionskontrollverordnung auf Gemeinschaftsunternehmen*, RIW 1990, 605 ff.

KOEHLER, H., *Gemeinsame Kontrolle von Unternehmen aufgrund von Minderheitsbeteiligungen im europäischen Kartellrecht*, EuZW 1992, 634 ff.

KURMANN, J., *Akquisitionen, Fusionen und strategische Allianzen*, Neue Zürcher Zeitung vom 24. August 1990.

LANGEFELD-WIRTH, K. (Hrsg.), *Joint Ventures im internationalen Wirtschaftsverkehr*, 1990.

LOHSE, A., *Kartellfreie Gemeinschaftsunternehmen im europäischen Wettbewerbsrecht*, 1992.

MÄLZER, S., *Die Stellung von Gemeinschaftsunternehmen im europäischen Wettbewerbsrecht*, WuW 1992, 705 ff.

MEESSEN, K.M., *Gemeinschaftsunternehmen im EWG-Wettbewerbsrecht: Zwischen Markt und Hierarchie*, WuW 1993, 901 ff.

MEIER SCHATZ, CH.J., *Der selektive Vertrieb im EWG-Kartellrecht*, 2 Bände, 1979.

MERSE, K., *Die deutschen Verbundsgruppen als Partner für in- und ausländische Lieferanten*, CH-D Wirtschaft 1/93, 7 ff.

MEYER, D., *Forschungs- und Entwicklungskooperationen, Zur Entscheidungspraxis nationaler und europäischer Kartellbehörden*, WuW 1993, 193 ff.

MIERSCH, M., *Kommentar zur EG-Verordnung Nr. 4064/89 über die Kontrolle von Unternehmenszusammenschlüssen*, 1991.

NIEDERLEITHINGER, E./HELD, E., *Kartellrechtspraxis 1990/1991*, 5. Aufl., 1991, 30 ff.

OERTLE, M., *Das Gemeinschaftsunternehmen (Joint Venture) im schweizerischen Recht*, 1990.

OLESCH, G., *Die wirtschaftliche Bedeutung der Verbundgruppen des Handels in Deutschland*, CH-D Wirtschaft 1/93, 3 ff.

PALASTHY, A., *Les joint ventures en droit européen de la concurrence*, CEDIDAC, Bulletin d'information no. 20, September 1993, 1 ff.

PATHAK, A.S., *The EC Commissions Approach to Joint Ventures: A Policy of Contradictions*, ECLR 1991, 171 ff.

RICHTER, S., *Europäische Fusionskontrolle ausserhalb der Fusionskontrolle - Überlegungen zu Auslegung und Wirksamkeit von Art. 22 Abs. 2 der Verordnung (EWG) Nr. 4064/89*, in: VEELKEN/KARL/RICHTER, *Die Europäische Fusionskontrolle*, 1992.

RIGGS, J.H./GIUSTINI, G., *Joint Ventures under EC Competition Law*, The Business Lawyer 1991, 849 ff.

ROHARDT, K.P., *Die europäische Fusionskontrolle beginnt Gestalt anzunehmen*, WuW 1991, 365 ff.

SCHERF, D., *Konzentrative und kooperative Gemeinschaftsunternehmen im europäischen Kartellrecht*, AG 1992, 245 ff.

SCHERF, D., *Kooperative Gemeinschaftsunternehmen im europäischen Wettbewerbsrecht*, RIW 1993, 297 ff.

SCHMIDT, K., *Gemeinschaftsunternehmen im Recht der Wettbewerbsbeschränkungen*, AG 1987, 333 ff.

SEDEMUND, J., *Wettbewerbsrechtliche Aspekte von JV*, Referatstext für das Seminar über "Kooperationen und Joint ventures" vom 4. März 1993 der Stiftung für juristische Weiterbildung Zürich.

SIRAGUSA, M./SUBIOTTO, R., *Ein Jahr EG-Fusionskontrolle - eine Zwischenbilanz aus der Sicht des Praktikers*, WuW 1991, 872 ff.

ST. GALLER EUROPARECHTSBRIEFE, Institut für Europarecht, Wirtschaftsrecht und Rechtsvergleichung, St. Gallen 1993 (EU B).

STAUDT, E. ET AL., *Kooperationshandbuch, Ein Leitfaden für die Unternehmenspraxis*, 1992.

STEINDORFF, E., *Kooperativer Unternehmenszusammenschluss und Kartellverbot*, ZHR 1988, 57 ff.

VAN BAEL, I./BELLIS, J.-F., *Competition Law of the EEC*, 2nd ed., 1990.

VEELKEN, W., *Aspekte der Europäischen Fusionskontrolle*, in: VEELKEN/KARL/RICHTER, *Die Europäische Fusionskontrolle*, 1992.

WIEDEMANN, G., *Kommentar zu den Gruppenfreistellungsverordnungen des EWG-Kartellrechts*, 2 Bände, 1989.

WIEDEMANN, H., *Gemeinschaftsunternehmen im deutschen Kartellrecht*, 1981.

XVI. BERICHT ÜBER DIE WETTBEWERBSPOLITIK 1986, Kommission der Europäischen Gemeinschaften, 1987.

XXI. BERICHT ÜBER DIE WETTBEWERBSPOLITIK 1991, Kommission der Europäischen Gemeinschaften, 1992.

XXII. BERICHT ÜBER DIE WETTBEWERBSPOLITIK 1992, Kommission der Europäischen Gemeinschaften, 1993.

Übersicht über Steuerfragen im Zusammenhang mit Joint Venture

PETER SPORI/BENNO BUCHER

Inhaltsverzeichnis

I.	Einleitung	164
II.	Überblick über die Steuerfragen	165
	1. Steuerfragen	165
	2. Steuerarten	166
III.	Steueraspekte bei der Begründung des Joint Venture	167
	1. Wahl der Rechtsform	167
	2. Übertragung von Wirtschaftsgütern auf das Joint Venture	169
	a) Ertragssteuerliche Aspekte	169
	b) Verrechnungssteuerliche Aspekte	171
	c) Stempelsteuerliche Aspekte	172
	d) Steuerstatus des Joint Venture	173
IV.	Steuerfragen während der Dauer des Joint Venture	174
	1. Gewinnrepatriierung	174
	2. Transferpreise	177
	3. Verlustrechnung	178
V.	Steuerfragen bei der Beendigung des Joint Venture (pro memoria)	179
VI.	Schlussbemerkungen	180
Literatur		182

I. Einleitung

Es ist klar, dass die rechtliche Ausgestaltung eines Joint Venture (JV) überwiegend davon abhängt, wie man die gegenseitigen kommerziellen und produktionstechnischen Interessen der beiden Partner unter einen Hut bringen kann. Allerdings hat die Form der Zusammenarbeit je nach der gewählten Struktur recht unterschiedliche Steuerfolgen, die einen nicht zu unterschätzenden Kostenfaktor darstellen können. Die Steuerbelastung ist um so mehr zu bedenken, als sie eine harte Tatsache darstellt. Ihr Eintritt ist gewiss, wogegen die mit der Zielstruktur verbundenen Vorteile vorerst bloss dem Reich der Hoffnung zuzuschreiben sind.

Wir wollen hier in *summarischer* Form gewisse steuerliche Fragestellungen im Zusammenhang mit JVs beleuchten. Diese Übersicht richtet sich nicht in erster Linie an Steuerfachleute und erhebt keinen Anspruch auf Wissenschaftlichkeit. Dies nicht etwa deshalb, weil es dem Steuerrecht an Wissenschaftlichkeit mangeln würde, sondern vielmehr, weil es angesichts der Vielgestaltigkeit möglicher Strukturen, der Vielzahl der Steuerordnungen und der Komplexität der Materie hier nicht darum gehen kann, den Fragenkreis vollständig darzustellen. Wir können höchstens für die Problemstellungen sensibilisieren und Tendenzen aufzeigen.

Wendet man sich der Besteuerung von JVs zu, so sei zunächst in Erinnerung gerufen, welche Merkmale diese gegenüber einer "gewöhnlichen" Direktinvestition unterscheiden. Es sind u.E. im wesentlichen deren drei:

- Das JV wird getragen von zwei oder mehreren bisher wirtschaftlich voneinander unabhängigen Unternehmen, hier bezeichnet als *Mutterunternehmen*. Im rechtlichen Konzernaufbau befindet es sich also stets auf zweiter oder folgender Stufe.
- Die Mutterunternehmen beschränken sich nicht auf die Einlage von Kapital in die JV-Gesellschaft; vielmehr bringen sie *unternehmerische Ressourcen* ein: Leistungspotentiale oder Nutzungspotentiale.
- Auf die Ressourceneinbringung folgt in der Regel ein *permanenter Leistungsaustausch* mit dem Mutterunternehmen während der Dauer des JV, sei es auf der Beschaffungsebene, sei es auf der Absatzstufe.

Für alle drei Elemente findet sich die rechtliche Grundlage in einem ausgedehnten Vertragswerk zwischen den Partnern. Insofern ist ein JV kein autonomes Unternehmen; seine Möglichkeiten und Grenzen sind ihm vertraglich vorgegeben.

Weitere Aspekte spielen ebenfalls in die steuerliche Würdigung hinein:
- Auf welcher unternehmerischen Stufe wirkt das JV? Ist es eine Produktionsvorstufe (wie Forschung und Entwicklung), ist es die Einkaufsstufe (wie der gemeinsame Einkauf der Rohstoffe), die Produktionsstufe selber (und hier könnte es eine blosse Teilfertigung sein) oder schliesslich der Verkaufsbereich?
- Begründen die Mutterunternehmen mit dem JV einen neuen unternehmerischen Standort oder machen sie gar den Schritt in eine andere Steuerhoheit?
- Handelt es sich um ein sachlich oder zeitlich begrenztes oder im Gegenteil um ein unbegrenztes Vorhaben?

Will sich der Berater zunächst einen Überblick über die Steueraspekte verschaffen, so muss er zu diesen Sachfragen die Antworten kennen.

II. Überblick über die Steuerfragen

1. Steuerfragen

Die steuerlichen Probleme von JVs sind gewiss so zahlreich wie deren Zwecke und Formen. Man kann die Kernfragen wie folgt auflisten:
- Steuerfragen im Zusammenhang mit der Begründung des JV:
  . Unter welcher *Rechtsform* soll das JV geführt werden?
  . Ergeben sich bei den Mutterunternehmen oder beim JV Steuerfolgen im Zusammenhang mit der *Übertragung* unternehmerischer Aktiven oder Aktivitäten?

- Welchen *Steuerstatus* erhält das JV mit seiner Begründung?
- Steuerfragen während der Dauer des JV:
  - Auf welche Weise werden allfällige *Gewinne* des JV den Mutterunternehmungen am steuergünstigsten zugeführt?
  - Werden die *Verrechnungspreise* für Lieferungen und Leistungen im Verhältnis zwischen den Mutterunternehmen und dem JV steuerlich anerkannt?
  - Wie können allfällige *Verluste* des JV von den Mutterunternehmungen steuerlich genutzt werden?
- Steuerfragen im Zusammenhang mit der Beendigung des JV:
  - Welche Steuerfolgen ergeben sich beim JV und/oder den Mutterunternehmen im Falle einer *Auflösung*, denke man an die Repatriierung einbehaltener Gewinne oder an die Rückführung unternehmerischer Aktiven und Aktivitäten?
  - Welche Steuerfolgen ergeben sich beim JV und/oder den Mutterunternehmen im Falle eines *Verkaufs* der JV-Beteiligung, sei es an den Partner, sei es an Dritte?

Diesen Fragenkatalog sollte man "im Griff haben", wenn über die vertrags- und gesellschaftsrechtliche Ausgestaltung des JV unter dem Aspekt der Steuerplanung entschieden wird.

2. Steuerarten

Schweizerischerseits stehen bei den hier interessierenden Fragestellungen folgende Steuern im Blickfeld:
- direkte Bundessteuer
- kantonale Ertragssteuer (inkl. Gemeindesteuer)
- eidgenössische Emissionsabgabe
- Verrechnungssteuer,
- Mehrwertsteuer,

sowie gegebenenfalls Sondersteuern, wie:
- Grundstückgewinnsteuer
- Handänderungssteuer
- eidgenössische Umsatzabgabe.

Bei grenzüberschreitenden Verhältnissen ist in der Regel den analogen Steuern der ausländischen Staaten Beachtung zu schenken. Ferner sind dabei auch die Sondergesetzgebungen der jeweiligen Länder zu berücksichtigen, welche den Abfluss des Steuersubstrats in andere Steuerhoheiten zu verhindern suchen (wie z.B. Deutsches Aussensteuergesetz, amerikanische CFC-Rules). Von grundlegender Bedeutung sind sodann die zwischen den einzelnen Staaten abgeschlossenen Doppelbesteuerungsabkommen (DBA).

III. Steuerfragen bei der Begründung des Joint Venture

1. Wahl der Rechtsform

Entsteht das JV nicht durch Beteiligungserwerb von einem Dritten, sondern durch Gemeinschafts*gründung*, so stellt sich zunächst den Mutterunternehmen die Frage nach der Wahl der zweckmässigen Rechtsform. Soll das JV rechtlich verselbständigt werden oder nicht? Je nachdem werden die zu vergemeinschaftenden Aktiven und Aktivitäten auf eine eigens zu diesem Zweck bestimmte Korporation (Kapitalgesellschaft, Genossenschaft, Verein) übertragen, oder andernfalls beschränken sich die Mutterunternehmen auf eine rein vertragliche Bindung (einfache Gesellschaft) oder eine Personengesellschaft (Kollektiv- oder Kommanditgesellschaft).

In steuerlicher Hinsicht spielen für den Entscheid über die Wahl der Rechtsform folgende Kriterien eine Rolle:
- *Begründungsaufwand:* Oftmals lässt er sich insofern vermeiden, als die Wirtschaftsgüter (auch die immateriellen Werte) den Rechtsträger nicht zu wechseln brauchen.

- *Gewinnermittlung:* Trotz weitgehender Annäherung der einzelnen Regelungen gibt es noch keine vollständige Übereinstimmung der in verschiedenen Steuerhoheiten angewendeten Grundsätze, wie die Steuerfaktoren bei rechtlich nicht verselbständigten Unternehmenseinheiten (Betriebsstätten) zu bestimmen sind. Dies gilt namentlich im Fall, dass die Mutterunternehmen dem JV Ausrüstungen, Kapital und Know-how zur Verfügung stellen.
- *Verlustverrechnung:* Verluste eines inkorporierten JV sind bei den Mutterunternehmen in der Regel nur indirekt verrechenbar, nämlich wenn die Abschreibung auf der Beteiligung geschäftsmässig begründet oder gar notwendig geworden ist. Weitergehende Verlustverrechnungsmöglichkeiten bestehen bei Betriebsstätten.
- *Doppelte Besteuerung:* Ist das JV ein selbständiges Steuersubjekt, so ist eine gewisse Doppelbelastung der ausgeschütteten Gewinne wahrscheinlich, sei es, weil die Quellensteuern nicht vollständig eliminiert oder angerechnet werden, sei es, weil die bei den Mutterunternehmen zufliessenden Dividendeneinkünfte nicht gänzlich freigestellt sind.
- *Steuersatzunterschiede:* Die Steuertarife für Körperschaften und rechtlich nicht selbständige Unternehmen sind – oft zumindest bei ausländischer Beherrschung – nicht überall dieselben. Zu beachten ist auch der sogenannte Progressionsvorbehalt bei der Betriebsstätte.
- *Auflösungsaufwand:* Ein problemloser Eintritt in eine Struktur bedeutet nicht immer, dass auch der Austritt ohne Steuerfolgen vor sich gehen kann. Namentlich ist die Rückführung der in ein JV eingebrachten stillen Reserven bei Körperschaften regelmässig ein steuerliches Sorgenkind.

In der Praxis steht die Körperschaft als Rechtsform des JV im Vordergrund. Usanz und kommerzielle Bedürfnisse geben dafür oft den Ausschlag. Für den Steuerberater bietet demgegenüber das rechtlich nicht verselbständigte JV nicht selten einen grösseren Gestaltungsspielraum für die Steueroptimierung.

2. Übertragung von Wirtschaftsgütern auf das Joint Venture

a) Ertragssteuerliche Aspekte

Bei den Mutterunternehmen, welche Aktivitäten oder Aktiven auf das JV übertragen, steht zumeist die Frage im Zentrum der Betrachtung, ob diese Übertragung erfolgs- und damit steuerneutral durchgeführt werden kann oder ob allfällige stille Reserven aufzudecken sind und somit von den Ertragssteuern erfasst werden. Gerade in einem Land wie der Schweiz, wo die Bildung der stillen Reserven auch unter dem neuen Aktienrecht in erheblichem Umfange zulässig ist und praktiziert wird, spielt diese Frage eine erhebliche Rolle.

Ob es anlässlich der Übertragung zur Besteuerung der stillen Reserven kommt, hängt davon ab, ob ein sogenannter Realisationstatbestand verwirklicht wird. In unserem Zusammenhang stehen zwei Formen der Realisation im Vordergrund:

- Die *echte Realisation*: Es werden Wirtschaftsgüter übertragen auf eine andere Rechtsperson (Subjektwechsel), und dies gegen Entgelt in irgendeiner Form (also nicht unentgeltlich), zum Beispiel durch die Einräumung neuer Beteiligungsrechte oder die Werterhöhung bestehender Beteiligungen.

- Die *steuersystematische Realisation*: Zwar liegt keine entgeltliche Veräusserung des Wirtschaftsgutes vor, doch wird trotzdem über die darin befindlichen stillen Reserven steuerlich abgerechnet, weil es aus irgendeinem Grund nicht möglich ist, die Reserven später noch zu erfassen.

Im Zusammenhang mit der Begründung eines JV kommt es für die zu vergemeinschaftenden Wirtschaftsgüter in aller Regel zu einem vollständigen oder zumindest anteilmässigen Subjektwechsel. Stille Reserven (einschliesslich Goodwill) werden also ganz oder partiell auf ein anderes Steuersubjekt überführt. Damit ist eine gewisse fiskalische Neigung vorhanden, einen Realisationstatbestand anzunehmen. Immerhin hat sich in Doktrin und Praxis der allgemeine Rechtsgedanke herangebildet und eingelebt, dass die blosse Änderung der Unternehmens*form* oder der Unternehmens*struktur* für sich allein keinen die Gewinnrealisierung auslösenden Vorgang darstellen soll. Es wurde ein steuerlicher Ausnahmebereich begründet gegenüber dem Prinzip, dass stille Reserven anlässlich der Übertragung auf ein anderes Steuersubjekt abgerechnet werden sollen. Seine innere Rechtfertigung hat er im Umstand, dass die Übertragung der Wirtschaftsgüter bei blossen Reorganisationen gewissermassen formaler Natur ist und dass sich nichts ändert am bisherigen unternehmerischen Engagement; dieses soll vielmehr fortgeführt werden, wenn auch in veränderter Form. Klar vorausgesetzt wird dabei unter anderem, dass für die übertragenen stillen Reserven kein Entgelt in der Form liquider Mittel zufliessen darf.

Die Gesetze über die Ertragssteuern des Bundes und der Kantone fassen den hier interessierenden Ausnahmebereich (kein Realisationstatbestand für die stillen Reserven trotz Subjektwechsel) unter dem Titel der "Umwandlungen, Zusammenschlüsse und Teilungen" zusammen (so beispielsweise in Art. 61 des Bundesgesetzes über die direkte Bundessteuer vom 14. Dezember 1990). Dort sind die Voraussetzungen für den Steueraufschub im einzelnen aufgezählt. Es finden sich Bedingungen wie:

- Fortbestand der Steuerpflicht in der Schweiz bzw. im Kanton
- Übernahme der Buchwerte
- unveränderte Weiterführung des Geschäftsbetriebs
- grundsätzlich gleichbleibende Beteiligungsverhältnisse
- Übertragung in sich geschlossener Betriebsteile.

Indessen ist Vorsicht am Platz: Die Gesetze können nicht ohne Berücksichtigung der Verwaltungspraxis angewendet werden. Gegenüber dem Text sind einige Voraussetzungen erlässlich und andere kommen hinzu. Es muss hier auf die Spezialliteratur verwiesen werden. Immerhin darf man feststellen, dass es zumindest für ein *inländisches* JV in aller Regel möglich ist, dass die Mutterunternehmen die zu vergemeinschaftenden Aktiven und Aktivitäten übertragen können, ohne über die stillen Reserven ertragssteuerlich abrechnen zu müssen. Dies gilt namentlich für die JV-Begründung auf dem Wege eines Zusammenschlusses oder der Betriebsabspaltung. Zuversicht ist aber auch erlaubt im Falle des Eintritts in ein JV durch blossen Beteiligungstausch.

Schwieriger werden die Verhältnisse, wenn inländische Unternehmen sich an einem *ausländischen* JV beteiligen wollen. Man stösst hier rasch einmal an den Tatbestand der steuersystematischen Realisation: Werden Wirtschaftsgüter über die Grenze transferiert oder einem ausländischen Steuersubjekt neu zugeordnet, so können dadurch die stillen Reserven dem künftigen Zugriff durch den inländischen Fiskus entzogen werden. Die steuerliche Abrechnung ist dann unumgänglich. Dies gilt sowohl für die Abspaltung eines Unternehmensbereichs durch eine schweizerische Gesellschaft auf eine ausländische JV-Gesellschaft; sie wird als Teilliquidation betrachtet und führt zur Ertragssteuer auf den stillen Reserven. Dies gilt aber auch – und ist besonders kontrovers – für die konsortiale Beteiligungsnahme: Eine schweizerische Unternehmung bringt eine Beteiligung als Sacheinlage zum Buchwert (und damit unter dem inneren Wert) in eine ausländische JV-Gesellschaft ein. Sie erhält als "Gegenleistung" eine Beteiligung (von beispielsweise 50 Prozent) an dieser Auslandsgesellschaft. Buchmässig verlagern sich zwar beim schweizerischen Unternehmen die stillen Reserven von der bisherigen auf die neue Beteiligung. Steuerlich sollen sie aber trotzdem nach noch geltender Verwaltungsauffassung abgerechnet werden. Damit wird einer der schroffsten Gegensätze zur Rechtslage in der Europäischen Union (aufgrund der Fusionsrichtlinie vom 23. Juli 1990) geschaffen. Es ist sehr zu hoffen, dass sich unsere Verwaltungspraxis in dieser Hinsicht lockert.

b) **Verrechnungssteuerliche Aspekte**

Die Übertragung von Beteiligungen oder von unternehmerischen Aktiven oder Aktivitäten im Zusammenhang mit der Begründung eines JV kann auch unter dem Gesichtspunkt der Verrechnungssteuer von Belang sein. Es sind zwei Fälle zu unterscheiden:

- Überträgt eine inländische Gesellschaft Vermögenswerte auf eine JV-Gesellschaft oder tritt sie im Rahmen der JV-Begründung eine Beteiligung ab, so kann damit in besonderen Fällen eine sogenannte geldwerte Leistung verbunden sein, die verrechnungssteuerpflichtig ist. Solche Fälle liegen dann vor, wenn mit einer unterpreislichen Vermögensübertragung *andere* nahestehende Gesellschaften begünstigt werden. Unschädlich wiederum sind – unter bestimmten Voraussetzungen – die Fusion, Umwandlung oder Aufspaltung, doch wird dabei vorausgesetzt, dass die (offenen und stillen) Reserven in eine *inländische* Gesellschaft überführt werden (Art. 5 Abs. 1 Bst. a des Bundesgesetzes über die Verrechnungssteuer). Auch verrechnungssteuerlich wird somit der Eintritt in ein ausländisches JV unter Umständen erschwert.

- Überträgt eine ausländische Gesellschaft im Rahmen der Begründung eines JV die Beteiligung an einer schweizerischen Kapitalgesellschaft auf einen Rechtsträger in einer andern Steuerhoheit, so kann sich dadurch je nach dem Steuerstatus des Erwerbers der verrechnungssteuerliche Rückerstattungsanspruch bezüglich der Beteiligungserträge verändern. Er kann sich "verbessern", wenn die Beteiligung auf einen inländischen Erwerber übergeht oder auf einen Erwerber in einem ausländischen Staat, der mit der Schweiz ein (vorteilhaftes) Doppelbesteuerungsabkommen abgeschlossen hat. Der schweizerische Fiskus ist nun häufig nicht bereit, die höheren Rückerstattungsansprüche in bezug auf die sogenannten Alt-Reserven hinzunehmen. Er verweigert unter Umständen dementsprechend die Rückerstattung unter dem Titel der Steuerumgehung.

c) **Stempelsteuerliche Aspekte**

Bei der Begründung eines JV ist im Zusammenhang mit der Übertragung von Wirtschaftsgütern überdies von Interesse, ob die erwerbende JV-Gesellschaft (insbesondere die *neu gegründete* Gesellschaft) eine Rechtsverkehrssteuer abzurechnen hat. Hier ist in der Schweiz insbesondere die Emissionsabgabe ein Thema. Systematisch knüpft sie an die Ausgabe inländischer Beteiligungsrechte an, effektiv besteuert sie jedoch Bar- oder Sacheinlagen (letztere zum Verkehrswert) in eine inländische Kapitalgesellschaft oder Genossenschaft. Mit dem Satz von drei Prozent setzt sie in Europa eine Rekordmarke.

Indessen kennt auch das Bundesgesetz über die Stempelabgaben eine in unserem Zusammenhang interessierende Ausnahme (nämlich in Art. 6 Abs.

1 Bst. a^{bis}). Freigestellt werden nämlich Bar- und Sacheinlagen "in Durchführung von Beschlüssen über Fusionen oder diesen wirtschaftlich gleichkommenden Zusammenschlüssen, Umwandlungen und Aufspaltungen". Auch hier setzt die Praxis einige zusätzliche, aus dem Gesetz nicht ersichtliche Bedingungen. So wird für die Steuerbefreiung unter dem Titel der Aufspaltung vorausgesetzt, dass die den Betriebsteil abtretende Gesellschaft an der erwerbenden Gesellschaft zu mindestens zwei Dritteln beteiligt wird und während fünf Jahren beteiligt bleibt. Gerade im Falle eines JV kann diese Bedingung nicht ohne weiteres erfüllt werden. Im Einzelfall sind die Verhältnisse abzuklären und mit der Behörde abzusprechen. Es lassen sich in der Regel gangbare Lösungen finden.

d) Steuerstatus des Joint Venture

Die JV-Gesellschaft unterliegt nicht unter allen Umständen der ordentlichen Besteuerung. Ihr Steuerstatus kann ein besonderer sein, der sich auszeichnet durch ein wesentlich milderes Steuerklima. In Betracht kommen Erleichterungen folgender Natur:

- *Steuererleichterungen aus Gründen der Wirtschaftsförderung:* Im Ausland wie auch im Inland (hier in den meisten Kantonen, unter Umständen sogar für die direkte Bundessteuer) ist es allenfalls möglich, Steuerentlastungen oder sogar -befreiungen für die JV-Gesellschaft zu erlangen, wenn damit neue Arbeitsplätze geschaffen oder gefährdete Arbeitsplätze gerettet werden.

- *Besonderer Steuerstatus im Kanton:* Die kantonalen Gesetze sehen einen besonderen Steuerstatus vor für Holding-, Hilfs- oder Verwaltungsgesellschaften. Die Voraussetzungen dazu werden von den kantonalen Gesetzen zur Zeit noch unterschiedlich formuliert. Im Zuge der Steuerharmonisierung (nämlich aufgrund von Art. 28 Abs. 2 und 3 des Bundesgesetzes über die Harmonisierung der direkten Steuern der Kantone und Gemeinden) sind nun Angleichungen bis zum 31. Dezember 2000 vorzunehmen. Auch unter dem harmonisierten Regime ist nicht ausgeschlossen, dass eine JV-Gesellschaft die Bedingungen für die erleichterte Besteuerung als Holding- oder Verwaltungsgesellschaft zu erfüllen vermag.

Es empfiehlt sich, diese Möglichkeiten der Steuererleichterung mit den zuständigen Amtsstellen zu besprechen, und zwar – weil die Verhandlungsposition günstiger ist – noch vor Begründung des JV.

IV. Steuerfragen während der Dauer des Joint Venture

1. Gewinnrepatriierung

Ziel jeglichen JVs ist letztlich, den beteiligten Partnern einen zusätzlichen Ertrag oder doch zumindest einen Kostenvorteil zu sichern. Damit stellt sich auch die Frage, wie und wo solche "geldwerten Vorteile" besteuert werden. Offensichtlich wird es das Bestreben sein, diese dort anfallen zu lassen, wo die tiefste Steuerbelastung eintritt. Gerade im internationalen Verhältnis, und insbesondere bei schweizerischen JV-Partnern, die sich noch einer vergleichsweisen moderaten Steuerbelastung erfreuen können, wird sich häufig die Frage stellen, wie diese geldwerten Vorteile mit den geringsten Steuerfolgen repatriiert werden können. Dies ist an sich nicht eine JV-spezifische Problematik, denn solche Fragen stellen sich auch bei normalen Direktinvestitionen im Mutter-/Tochterverhältnis. Nur ist dort der Gestaltungsspielraum grösser, und Korrekturen können mitunter auch noch nach der Gründung vorgenommen werden. Bei einem JV hingegen bedürfen Änderungen der wirtschaftlichen Beziehungen zwischen den Mutterunternehmen und dem JV nach der Gründung immer beid- bzw. allseitiger Zustimmung. Dabei verlaufen die steuerplanerischen Interessen der Partner oft nicht parallel. Damit ist der Spielraum für eine laufende Steueroptimierung beträchtlich eingeschränkt. Die entscheidenden Eckwerte der Steuerplanung müssen schon vor Vertragsschluss geklärt sein.

Die Frage, auf welche Weise sich eine schweizerische Mutterunternehmung ihren Anteil am Gewinn einer ausländischen JV-Gesellschaft am steuergünstigsten repatriieren kann, ist um so mehr von Bedeutung, wenn es sich um ein JV mit Standort in einem Entwicklungs- oder Schwellenland handelt. Einerseits haben viele Schwellen- oder Entwicklungsländer recht hohe Steuersätze, auch bei den Quellensteuern. Andererseits setzen sie in ihren Gesetzgebungen über ausländische Investitionen und Devisenkontrollen oft recht restriktive Rahmenbedingungen. So sind häufig die Sätze für Lizenzzahlungen limitiert. Ebenso kann nicht selten die Zahlung von Dividenden nur zu ungünstigen Wechselkursen in Schweizer Franken-Guthaben umgewandelt werden. Zumindest sind in aller Regel solche Überweisungen erst nach Durchlaufen eines langwierigen Administrativverfahrens (Stichwort: Bewilligung der Zentralbank) möglich. Ferner sind die oft sehr hohen Zollbelastungen ins Kalkül miteinzubeziehen. Die Planung der Gewinnrepatriierung ist in diesem magischen Vieleck deshalb eine recht delikate Sache, wobei aufgrund der erwähnten Rahmenbedingungen die steuerlichen Überlegungen oft in den Hintergrund treten.

Es sollen nun kurz unter diesem Kapitel die gängigsten Ertragsüberweisungstitel beleuchtet und auf damit verbundene Probleme eingegangen werden. Dabei beschränken wir uns auf Kapitalgesellschaften.

- *Dividenden*, also Ausschüttungen aus dem Gewinn einer JV-Gesellschaft an deren Mutterunternehmen, zeichnen sich durch folgendes aus:
  . Besteuerung des Gewinnes in der JV-Gesellschaft und
  . weitgehende Steuerbefreiung der Dividende auf der Ebene der Muttergesellschaft.
  . Ausschüttungen unterliegen meistens einer Quellensteuerbelastung.

  Als Faustregel lässt sich sagen: Ist die Steuerbelastung am Sitz des JV markant tiefer als jene der Muttergesellschaft, lohnt es sich in der Regel, die Gewinne im JV anfallen zu lassen und sie dann als Dividende an die Mutter auszuschütten.

- *Zinsen*: Gewähren die Mutterunternehmen der JV-Gesellschaft ein Darlehen, so stellen die Zinsen bei dieser handelsrechtlich erfolgsmindernden Aufwand dar und bei jenen Ertrag. Steuerlich ergibt sich im Regelfall desgleichen
  . bei der JV-Gesellschaft eine Gewinnminderung und
  . bei den Mutterunternehmen ein steuerbarer Ertrag.
  . Dabei unterliegen die Darlehenszinsen häufig einer Quellensteuerbelastung.

An sich sind Zinszahlungen, sofern sie sich nach marktgängigen Zinssätzen richten, der "sicherste" Überweisungstitel, da sie sich auf einen klaren nachweisbaren wirtschaftlichen Tatbestand (Darlehensgewährung) abstützen. Allerdings bestehen vielerorts Vorschriften über den Höchstbetrag solcher "konzerninterner Fremdfinanzierung" mit der Folge, dass ein darüberliegender Betrag als verdecktes Fremdkapital gilt und die Darlehenszinsen in der Tochtergesellschaft nicht zum Abzug zugelassen werden.

- Die Zahlung von *Lizenzgebühren* (d.h. das Entgelt für die Nutzung von Patenten, Know-how, Urheberrechten, Modellen und dergleichen) setzt voraus, dass die Empfängergesellschaft Eigentümerin der entsprechenden und werthaltigen Immaterialgüterrechte ist. Häufig wird die Werthaltigkeit vom Fiskus angezweifelt. Im Falle von JV dürfte die Gefahr des Anzweifelns allerdings insofern geringer sein, als die Werte ja auch vom JV-Partner akzeptiert werden müssen. Der Fiskus wird deshalb eher davon ausgehen, dass die vorgesehenen Lizenzgebühren aufgrund freier Marktkräfte zustande gekommen sind. Im internationalen Verhältnis werden Lizenzgebühren von verschiedenen Fiski allerdings sehr kritisch beurteilt, und deren Höhe muss nicht selten in langwierigen Verfahren verteidigt werden. Lizenzgebühren haben aber wie Zinsen steuerlich den Effekt, dass sie vom Grundsatz her

  . den Gewinn der JV-Gesellschaft mindern,

  . den Gewinn der Muttergesellschaft erhöhen und

  . ebenfalls häufig einer Quellensteuer unterliegen.

- *Management Fees*, hier verstanden als Zahlungen, welche von der JV-Gesellschaft an die Muttergesellschaft geleistet werden, um Dienstleistungen der Muttergesellschaft an die JV-Gesellschaft abzugelten wie: zentrales EDV-System, Buchhaltung, Portfolio Management, Marketingpläne, Zurverfügungstellung von Managementkapazitäten usw. Nicht alle Länder anerkennen solche Zahlungen als steuerwirksamen Aufwand, einige nur in bestimmten Grenzen. Probleme ergeben sich insbesondere, wenn diese Leistungen in Form von Pauschalen in Rechnung gestellt werden. Nicht anerkannt werden in aller Regel Entschädigungen für Tätigkeiten des Mutterunternehmens, die der Ausübung der Gesellschafterrechte zuzuordnen sind. Solche Kostenumlageverfahren sind dementsprechend sorgfältig zu planen.

Quellensteuern können einen nicht zu unterschätzenden Einfluss auf die Steuerplanung haben. Dies deshalb, weil sie aus der Sicht der Empfängergesellschaften auf einer *Brutto*-Grösse (Dividende, Lizenz, Zins) und somit nicht auf dem daraus resultierenden Gewinn erhoben werden. Dies kann bei Quellensteueransätzen von 25 bis 30 Prozent ins gute Tuch gehen und fällt zum Beispiel dann ins Gewicht, wenn die Mutterunternehmen ihre Beteiligung am JV stark fremdfinanziert haben. Soweit die Schweiz mit dem entsprechenden Staat ein Doppelbesteuerungsabkommen abgeschlossen hat, besteht allerdings eine Milderung in zweierlei Hinsicht: Einerseits sehen diese DBA's im zwischenstaatlichen Verhältnis reduzierte Quellensteuersätze vor, und zwar ermässigen sich diese in der Regel auf null bis 15 Prozent. Andererseits besteht nach schweizerischem internen Recht dann meist die Möglichkeit, mit der sogenannten pauschalen Steueranrechnung die verbleibende Belastung von Zinsen und Lizenzgebühren teilweise zum Verschwinden zu bringen.

2. Transferpreise

Soweit die Partner dem JV Dienstleistungen oder Produkte (auch Halbfabrikate usw.) zur Verfügung stellen, hat die Höhe des Lieferpreises natürlich auch Einfluss auf die Erfolgsrechnung des JV. Dies gilt auch im umgekehrten Falle, bei dem das JV an die Mutterunternehmen liefert. Bei den Verrechnungspreisen – sind sie adäquat – stellt sich das Problem einer Quellensteuerbelastung nicht, hingegen können zolltarifarische Einflüsse eine Rolle spielen. Aus steuerlicher Sicht müssen die Transferpreise zu "Marktpreisen" festgesetzt werden, also einem Drittvergleich standhalten ("at arm's length"). Insgesamt lässt sich feststellen, dass die beteiligten Steuerbehörden heutzutage insbesondere im Ausland vermehrt dazu übergehen, Transferpreise kritisch unter die Lupe zu nehmen. Dies gilt namentlich bei Firmen, die in High-Tech-Bereichen tätig sind, wo der Wert des Produktes sich deutlich vom Materialpreis abhebt. Da Auseinandersetzungen mit dem Fiskus im Falle der Nichtanerkennung der bezahlten Transferpreise sehr aufwendig sein können, lohnt es sich, auch hier die steuerliche Beurteilung rechtzeitig an die Hand zu nehmen.

Namentlich bei *internationalen* Lieferströmen wachen die Augen des Fiskus streng darüber, dass die Verrechnungspreise den teilweise sehr einlässlichen *nationalen* Richtlinien entsprechen. Da *supranationale* Normen fehlen (auch in der EU), sind transferpreisbedingte Doppelbesteuerungen allerdings nicht selten. Solche ergeben sich wie folgt: Eröffnen beispielsweise die Steuerbehörden der Bezügergesellschaft ein Transferpreisverfahren, und gelingt es nicht, sie von der Angemessenheit der verrechneten Preise zu überzeugen, führt dies zur Aufrechnung des Betrages der angenommenen Überfakturierung als Gewinn in der Bezügergesellschaft. Da die Liefergesellschaft denselben Betrag bereits als Ertrag verbucht hat, zahlte auch sie Ertragssteuern. Sofern es nicht möglich ist, auf dem Revisionsweg eine Korrektur ihrer Steuerveranlagung zu erwirken, gelangt dieser Ertrag in beiden Staaten zur Besteuerung. Diese Doppelbelastung kann ohne weiteres einen ansehnlichen Teil der Marge erodieren lassen. Einzige Behelfe dagegen sind einerseits die abkommensrechtlichen Verständigungsverfahren und andererseits – wenn einmal in Kraft gesetzt – eine Schiedsgerichtskonvention unter der Aegide der EU (ABl EG Nr. L225/10 vom 20. August 1990) für die Unternehmen der Signatarstaaten. Die Schweiz bleibt davon allerdings ausgeschlossen.

3. Verlustverrechnung

Für die Aufbauphase und in rezessiven Zeiten spielt die Frage, wie Verluste eines JV steuerlich ausgewertet werden können, eine bedeutende Rolle. Zunächst besteht in den meisten Steuerhoheiten die Möglichkeit, dass die Verluste innerhalb der erleidenden Gesellschaft steuerlich vorgetragen werden können. In der Schweiz ist dies typischerweise für sieben Jahre der Fall (vgl. Art. 25 Abs. 2 des Bundesgesetzes über die Harmonisierung der direkten Steuern der Kantone und Gemeinden). Einige Länder kennen auch den Verlustrücktrag.

Vorzuziehen wäre allerdings, wenn der Verlust des JV *zeitgleich* verrechnet werden könnte mit allfälligen Gewinnen der Mutterunternehmen. Hierzu muss nun unterschieden werden je nachdem, ob das JV eine rechtlich verselbständigte Einheit ist oder nicht:

- Handelt es sich beim JV um eine Kapitalgesellschaft, so ist eine unmittelbare Übernahme ihrer Verluste durch die Mutterunternehmen im Regelfall nicht möglich. Einzige Ausnahme bilden diejenigen Steuerhoheiten, welche eine Konsolidierung zulassen. Dies ist für die Schweiz nicht der Fall. Möglich bleibt dann einzig der indirekte Verlustausgleich. Der wichtigste Fall des indirekten Verlustausgleichs ist die Abschreibung des Beteiligungswertes der JV-Gesellschaft in den Bilanzen der Mutterunternehmen. Ertragsmindernd wirkt sich auch ein allfälliger Sanierungszuschuss aus.

- Wurde das JV rechtlich nicht verselbständigt, hat es also steuerlich den Status eines blossen Betriebsstätte, so ist auch im transnationalen Verhältnis ein direkter Verlustausgleich recht häufig möglich. So kennt beispielsweise das neue Bundesgesetz über die direkte Bundessteuer (in den Art. 6 Abs. 3 und Art. 52 Abs. 3) eine explizite Regelung für die Verrechnung von ausländischen Betriebsstätteverlusten. Die Praxis der Kantone ist demgegenüber noch uneinheitlich.

In der Praxis wird sich stets auch die Frage stellen, wie Verluste des JV durch steuerplanerische Massnahmen zum voraus vermieden werden können. Dabei wird man die Finanzierung des JV und die Transferpreis-Politik als Planungsinstrumente einsetzen.

V. Steuerfragen bei der Beendigung des Joint Venture (pro memoria)

Ohne hier auf Einzelheiten eintreten zu können, muss doch in Erinnerung gerufen werden, dass gerade JVs für Rückabwicklungen "anfällig" sind. Wie leicht kann es geschehen, dass die Partner nicht harmonieren und sich wiederum trennen wollen. Die steuerlichen Folgen dieser Trennung müssen allemal zum voraus bedacht werden.

Die Steuerfragen sind zu zahlreich, als dass sie hier im einzelnen dargestellt werden könnten. Es müssen folgende Stichworte genügen:

- Die Auflösung eines rechtlich verselbständigten JV zeitigt alle Folgen, die üblicherweise mit der Liquidation einer Gesellschaft verbunden sind. Ertragssteuerlich werden allfällige stille Reserven in den Aktiven und Passiven im Regelfall realisiert. Hat das JV einen eigenen Goodwill geschaffen, so wird unter Umständen auch dieser Wert steuerlich erfasst. Verrechnungssteuerlich (und für parallele Quellensteuern in andern Steuerhoheiten) ist der Liquidationsüberschuss zu deklarieren. Dazu gehören nach schweizerischer Betrachtung selbst die anlässlich der Gründung des JV von den Mutterunternehmen eingebrachten Mehrwerte, insbesondere auch eine allfällige Agio-Reserve.
- Ist das JV rechtlich nicht verselbständigt, also eine blosse Betriebsstätte, so sind die Steuerfolgen im allgemeinen milder: Es unterbleibt die verrechnungs- bzw. quellensteuerliche Abrechnung, und möglicherweise lässt sich auch bezüglich der Ertragssteuern eher der Weg einer neutralen Buchwertrückführung finden, als dies bei einer Kapitalgesellschaft der Fall ist.

Gerade bei der Beendigung eines JV spielen steuerliche Ermessens- und Bewertungsfragen eine bedeutende Rolle, so dass sich ein Vorgehen in enger Kooperation mit Beratern und Behörden empfiehlt.

VI. Schlussbemerkungen

Es soll mit diesem Überblick über die Steuerfragen nicht der Anschein erweckt werden, bei JV hätten die steuerlichen Aspekte stets eine vorrangige Bedeutung. Gewisse Eckdaten des Konzeptes können sie allerdings setzen. So ist es zur Zeit nicht möglich, dass ein schweizerisches Unternehmen Vermögenswerte, insbesondere eine Beteiligung, mit erheblichen stillen Reserven in eine ausländische JV-Gesellschaft einbringt; es müssen andere Wege gefunden werden, wenn man die Abrechnung vermeiden will. Auch sind die steuerlichen Reibungsverluste nach wie vor erheblich, wenn Gewinnrückführungen strukturbedingt durch mehrere Gesellschaften in verschiedenen Ländern fliessen müssen. Steuerplanung ist allemal unerlässlich.

Ein gemeinsamer Nenner mit den übrigen rechtlichen wie auch den kommerziellen Anforderungen lässt sich im Regelfall ohne weiteres finden. Mit Vorteil wird die Steuerplanung jedoch bereits im Verhandlungsstadium des JV in die Überlegungen miteinbezogen.

Literatur

CAGIANUT, FRANÇIS/HÖHN ERNST, *Unternehmungssteuerrecht*, 3.Aufl., Bern, Wien und Stuttgart 1993.
FUCHS, BENJAMIN, *Transnationaler Verlustausgleich bei internationalen Unternehmungen und Konzernen im Steuerrecht*, Bern, Wien und Stuttgart 1993.
HÖHN, ERNST, *Steuerrecht*, 7.Aufl., Bern, Wien und Stuttgart 1993.
HÖHN, ERNST (Hrsg.), *Handbuch des internationalen Steuerrechts der Schweiz*, 2.Aufl., Bern, Wien und Stuttgart 1993.
JAKOB, WALTER, *Strukturveränderungen im Konzern – Gestaltungsformen und Steuerfolgen*, StR45 (1990), 161-180.
KÄNZIG, ERNST, *Die Eidgenössische Wehrsteuer, Direkte Bundessteuer*, I. Teil (Art. 1-44 WStB), 2. Aufl., Basel 1982; II.Teil (Art. 48-64 BdBSt), 2. Aufl., Basel 1992.
REICH, MARKUS, *Unternehmensumstrukturierungen im schweizerischen Steuerrecht*, in: Umwandlungsrecht, bearbeitet von Siegfried Widmann und Robert Mayer, Loseblattausgabe, § 28 RZ CH 300-733, 20. Aktualisierung, Bonn 1992.
ROUILLER, ANDRÉ, *Unternehmungsteilungen*, ASA 56 (1987/88), 303-311.
SPORI, PETER, *Die Umstrukturierung von Unternehmen nach neuem Bundessteuerrecht*, in: HÖHN, ERNST/ALTHANAS, PETER (Hrsg.), *Das neue Bundesrecht über die direkten Steuern*, Bern, Wien und Stuttgart 1993.
ZUPPINGER FERDINAND/SCHÄRRER ERWIN/FESSLER FERDINAND/REICH MARKUS, *Kommentar zum Zürcher Steuergesetz*, Ergänzungsband, 2. Aufl., Bern 1983.

Autorenverzeichnis

Herausgeber

Christian J. MEIER-SCHATZ, Prof. Dr., Rechtsanwalt, LL. M.; Ordinarius für Privat- und Wirtschaftsrecht an der Hochschule St. Gallen; Direktor des Instituts für Europarecht an der Hochschule St. Gallen; Partner Pestalozzi Gmür & Patry, Zürich

Mitautoren

Lucius HUBER, Dr.; Advokat, Elbert Mayer Huber, Basel

Rolf WATTER, Dr. iur., Rechtsanwalt, LL. M.; Privatdozent an der Universität Zürich; Partner Bär & Karrer, Zürich

Anton K. SCHNYDER, Dr. iur., LL. M.; o. Professor an der Universität Basel

Peter SPORI, Fürsprecher; Partner ATAG Ernst & Young, Bern

Benno BUCHER, Dr. iur., Advokat; Partner ATAG Ernst & Young, Basel

Stichwortverzeichnis

Abgrenzung kooperativer und konzentrativer Joint Venture 112, 120, 142, 153 ff.
Abreden über die Dauer der Joint Venture-Verbindung 45
accords satellites 15
- typische Beispiele 15
Agio 71
Aktionärbindungselemente 14
Aktionärsdarlehen 70 f.
Allgemeine Geschäftsbedingungen 98
Alt-Reserven 170
amiable compositeur 102
Anerkennung ausländischer Entscheidungen 103
Angreifkriterien (s. auch unter Marktanteile, Umsatzgrenzen) 118
Anknüpfung
- akzessorische 97
- kollisionsrechtliche 89
Anpassungsklausel vertragliche 39
Anpassungslücke 39
Anpassungspflicht 38
Anpassungsregel gesetzliche 39
Ansprüche deliktsrechtliche 96
Arbeitsrecht 92
Arrestort 83
Artikel 85 EWGV 110, 117 ff., 127, 142
Artikel 85 Absatz 1 EWGV 118, 128 f., 129 ff., 135, 141 f., 144 ff.
Artikel 85 Absatz 3 EWGV (s. auch unter Einzelfreistellung) 119, 136, 139 ff., 141 f., 144 ff.
Artikel 86 EWGV 110, 117
Artikel 82 OR 57
Artikel 83 OR 57
Artikel 119 Absatz 2 OR 57
Artikel 708 Absatz 5 OR 44
Artikel 716a OR 27
Artikel 716b OR 27
Aspekte
- ertragssteuerliche 167
- stempelsteuerliche 170
- verrechnungssteuerliche 169
Aufgaben
- unentziehbare 27
- unübertragbare 27
Auflösungsphase 45
Ausgleichszahlung 63, 77
Ausschliesslichkeitsrechte 143, 145, 151
Aussengesellschaft 87
Ausweichanknüpfung 95
Auswirkungsprinzip 109 f., 155

Bagatellbekanntmachung (BM 1986) 118, 129
Basisgesellschaft 87
Basisvereinbarung 87
Basisvertrag 15, 44
Bedeutung der Abgrenzung der Joint Venture 116 ff., 152 ff.
Beendigung 45
- ausservertragliche 53
- des Joint Venture 177

185

Beendigung
- mit Liquidation der Joint Venture-Gesellschaft 48
- ohne Liquidation der Joint Venture-Gesellschaft 48

Beendigungsmechanismen 49
Beendigungsmechanismen vertragliche 48
Beendigungsregeln 52
Begriff des Joint Venture 113
Begriffselemente 13
Bekanntmachung
- über kooperative Gemeinschaftsunternehmen (BM 1993) 113, 128 ff., 142, 153
- über Kooperations- und Konzentrationstatbestände (BM 1990) 112, 114 ff., 120 f., 121 ff., 124, 127, 153
- über Nebenabreden bei Zusammenschlüssen 112, 141

Beschlussfassungsmechanismen 24
Beschlussfassungsmodalität des Managements 22
Besetzung
- der Geschäftsführungsorgane 24
- der Organe 23
- des Managements 22

Besteuerung doppelte 166
Bestimmungen zwingende 104
Betriebsstätte 177 f., 166
Bewertung 64
Bewertung der zu übertragenden Anteile 52
Bezugs- und Lieferverpflichtungen 143, 151
Binnenbeziehung 85
Buchwert 70

Bundesgesetz über das Internationale Privatrecht (IPRG) 82
Buy-Sell-Arrangement 32, 48

Casting Vote 29
Contractual Joint Venture 11
Corporate Joint Venture 11
countervailing power 146, 148

Darlehen 65
Datenschutzrecht 92
Dauer
- des Joint Venture 122
- des Joint Venture-Vertrages 16, 47

Deadlock Devices 29
Derogation 85
devoir de coopération 34
Dividenden 173
Doppelkontrolle 120
Dritte 133, 135
Durchführung der Abgrenzung der Joint Venture 121 ff., 153 ff.
Durchführungsvertrag 14 f.

EG 101
Eigenverantwortung 27
Ein- und Ausfuhrverbote 133, 141, 143, 145, 150 f.
Einfrierklausel 90
Eingreifkriterien (s. auch unter Marktanteile, Umsatzgrenzen) 118
Eingriffsbestimmung 93
Eingriffsnormen 93, 100
Einkaufs-Joint Venture 147 f.

Einrede des nichterfüllten Vertrages 57
Einschränkung
- des Artikels 716a OR 29
- des Artikels 716b OR 29
Einzelfreistellung 118 f., 139 ff.
Elemente
- der Willensbildung 22, 43
- kooperative 11
Embargo-Resolution 100
Entwicklungsland 172
Equity Joint Venture 11
Erfüllungsort 83, 104
Ermessensspielraum 27
Ersatzgeschäft 75
Erweiterung der GFVO 112, 118, 126, 137, 154
Europäische Kooperationsvereinigung (EKV) 19
Europäisches Wettbewerbsrecht, Rechtsquellen 109, 110 ff., 153
Exekutivtätigkeit 27
Exklusivität 77
Exportgenehmigung 92

Festlegung des Verwaltungsratsproporz 44
Feststellung der Marktmacht (s. auch unter Gegenmacht und Nachfragemacht) 118, 133, 134, 150 f.
Finanzierung 22
Firmenschutz 96
Form der Joint Venture-Gesellschaft 18
Formen der Ausgestaltung grenzüberschreitende 19
Fremdbestimmung 27

FuE
- Venture, gemeinsame FuE (s. auch unter GFVO) 132, 144 f.
- Vereinbarungen 111, 138, 144 f.
Fusionskontrolle, Fusionskontrollverordnung (FKVO) 112, 117 ff., 121, 142

Gebietsschutz 133, 141, 143, 145, 150 f.
Gebietsschutz absoluter 133, 141, 143, 145, 150 f.
Gegengewicht 146, 148
Gemeinschaftsunternehmen 11
general principles of law as recognized by civilized nations 34
Generalausnahme 150, 155
Gerichtsstand 82
Gerichtsstand des Erfüllungsortes 103
Gerichtsstandsklausel 83 f.
Gerichtsstandsvereinbarung 83, 98
Geschäftsführung 25
Gesellschaft einfache 87
Gesellschaftsrecht 86, 95
Gesellschaftsstatut 87
Gesellschaftsvertrag einfacher 55
Gewinnrepatriierung 172
Gleichberechtigung 22
Gleichgewicht partnerschaftliches 39
Goodwill 167, 178
Gründe gesellschaftsrechtliche 72
Gründerunternehmen 124 f., 132
Grundstruktur des Equity Joint 13

187

Gründung
- der gemeinsamen (Aktien-)Gemeinschaft 14
- der Joint Venture-Gesellschaft 13, 17
- des Equity Joint Venture 11

Grundvereinbarung 87
Grundvertrag 55
Gruppeneffekt 123
Gruppenfreistellung, Gruppenfreistellungsverordnungen (GFVO) 111 f., 118 f., 136 ff., 153 ff.

Haftung für ausländische Gesellschaften 89, 96
Haftungsbegrenzung 19
Hilfsfunktion 19
Hilfsgesellschaft 171
Holdinggesellschaft 171

ICSID-Schiedsverfahren 35
Immaterialgüterrecht 72
Importgenehmigung 92
Industriepolitik 125, 140, 155
Informationsaustausch 33
Informationspflichten 23
- umfassende 32
- uneingeschränkte 32
Informationsrechte 23
Inhalt der Statuten 20
Inkorporationsstatut 95
Inkorporationstheorie 88, 104
Innominatvertrag 55
Investitionsvertrag 17
IPR i.e.S. 89

Joint Venture (JV) 116 ff., 152 ff.
- Gesellschaft 26, 87

Joint Venture
- kartellrechtswidrige 129 f.
- konzentrative 112, 117, 121 ff., 152 ff.
- kooperative 113, 117 ff., 121 ff., 125 ff., 132 ff.
- Liquidation 74
- unter Nichtwettbewerbern 129, 135
- unter Wettbewerbern 136 ff., 144 ff.
- vertikal integrierte (s. auch unter Verhältnis des JV zu Gründerunternehmen) 135
- Vertrag 13 f.
- vom Kartellverbot ausgenommene 128 f.

Joint Venture 50:50 23

Kapitalanteile 18
Kapitalbeteiligung überproportionale 24
Kapitalbeteiligung unterproportionale 24
Kaufsoptionen der Partner 48
keine Regeln über die Dauer 47
Know-how-Vereinbarungen 111, 139
Kognitionsbefugnis des Schiedsgerichts 101
Kompetenzerweiterungen statutarische 44
Konfliktlösungsinstanz 31
Konfliktlösungsmechanismen 29
Konkordat über die Schiedsgerichtsbarkeit 97
Konkurrenzverbot 143, 152 f.
Kontrolle gemeinsame 114 ff.
Kontrollerwerb 114 ff.

Konventionalstrafe 29
Konzentrationsprivileg 117 ff., 123, 142
Kooperationsbekanntmachung (BM 1968) 125
Kooperationspflicht 34
Kooperationspflicht
- im allgemeinen 33
- verstärkte 22
Koordinationsausschuss 33
Koordinationsklausel 91
Koordinierung 96
Kündigungsmöglichkeiten ordentliche 46
Kündigungsrecht 49

Langzeitvertrag komplexer 11
Leistung charakteristische 94
Leistungsverweigerungsrecht 57
Leitung der Joint Venture-Gesellschaft 13
Lex Friedrich 73
Lex mercatoria 90
Lizenzen ausschliessliche 143, 145, 151
Lizenzgebühren 174
Lizenzvertrag 91
Loyalitätspflicht
- im allgemeinen 33
- verstärkte 22, 34
loyauté renforcée 35
Lugano-Übereinkommen 83, 88, 103

Machtstellung (s. auch unter Gegenmacht und Nachfragemacht) 118, 133, 134, 150 f.
Management Fees 174

Management
- Beschlussfassung 23
- Vertrag 24
Marktanteile 118, 138, 139, 150
Marktanteils(ober)grenzen 118, 138 f., 150
Marktaufteilung 133, 141, 143, 145, 150 f.
Marktbeherrschung (s. auch unter Gegenmacht und Nachfragemacht) 118, 133 f., 150 f.
Marktmacht (s. auch unter Gegenmacht und Nachfragemacht) 118, 133, 134, 150 f.
Marktzutrittsschranken 133
Mechanismen der Anpassung 22
Mengenbeschränkungen 141, 143, 146 f., 150
Methoden der Bewertung 64
Minderheitsaktionär 32
Minderheitsbeteiligung 33, 115 f.
Minderheitspartner 23
Minderheitsposition 24

Nachfragemacht 147
Nachleistungspflicht 38, 41
Nachschusspflicht 41
Nationalität der Joint Venture-Gesellschaft 20
Nebenabreden (s. auch unter Bekanntmachungen) 127, 136, 141 ff., 155
Netze von Joint Venture 134 f., 140
Neuverhandlungsklausel 38
Neuverhandlungspflichten 22, 38, 40
Niederlassung 83

Nutzungsrecht 74

Obergesellschaft 26
Offenlegung 66
Ordnung öffentliche 103
Ordre public 103 f.
Organisation der Joint Venture-Gesellschaft 17
Organisationsreglement 20
Ort der Gründung der Joint Venture-Gesellschaft 20

Partizipationsschein 79
Patentlizenzvereinbarungen 111, 138
Patt-Situation 18, 23, 29
Pflichten der Gründer 66
Position marktbeherrschende 118
Preisabsprachen 141, 143, 146, 149 f.
Produktions-Joint Venture, gemeinsame Produktion 132, 144, 148 f.
Prorogation 84
Prüfung der eingebrachten Gegenstände 66
Puts and Calls 32, 50

Qualitätsabsprachen 149
Quellensteuer 173 ff.
Quorumsvorschriften statutarische 44
Quotenabsprachen 141, 143, 146 f., 150

Realisation
- echte 167
- steuersystematische 167
Recht anwendbares 102
Rechtsform der Projektgesellschaft 18
Rechtsprinzip internationales 34
Rechtsprinzipien allgemeine 90
Rechtsquellen 109, 110 ff., 153
Rechtswahl 86, 102
Rechtswahlfreiheit 89
renegotiation clauses 38
Rückabwicklung 177
Russisches Roulette 50

Sacheinlage 15, 20, 65, 170
Sachübernahme 65
Schicksal der Durchführungsverträge 52
Schiedsfähigkeit 98
Schiedsgericht 101
Schiedsgerichtsbarkeit internationale 97
Schiedsgutachterverfahren 49
Schiedsklausel 98 f.
Schiedsplatz Schweiz 99
Schiedsvereinbarung 97 f., 99
Schmiergeldzahlung 99
Schutz eines Minderheitspartners 22
Schwellenland 172
selbständige wirtschaftliche Einheit 122
Selbstorganschaft 27
Shotgun-Clause 50

Sitz
- der beklagten Partei 83
- des Joint Venture 95
Sonderanknüpfung 92 f., 96, 101
Sonderanknüpfung zwingenden (Eingriffs-)Rechts 91
Spezialisierungsvereinbarungen (s. auch unter GFVO) 111, 137 f.
Spürbarkeit (s. auch unter Marktanteile, Umsatzgrenzen) 118, 129, 138
Stampaerklärung 66
Statuten der Joint Venture-Gesellschaft 43
Stellung marktbeherrschende (s. auch unter Gegenmacht und Nachfragemacht) 118, 133, 134, 150, 151
Steuerarten 164
Steuerfragen 163
Steuerlast verdeckte 72
Steuerstatus 171
Stichentscheid 29
stille Reserven 167, 178
Stimmbindung im allgemeinen 22
Stimmrechtsbedingungen 15
Stimmrechtsbindung 15
Stimmrechtsbindungselemente 14
Streitigkeiten gesellschaftsrechtliche 88
Struktur 25
Struktur- vs. Verhaltenskontrolle 117, 152, 154

Technologietransfer 92
Teilfunktions-Joint Venture 135 f.
Transferpreise 175
Treuepflicht 34

Übertragungsbeschränkungen gesetzlich zulässige 44
Überwachung des Managements 22
Umsatzgrenzen (s. auch unter Spürbarkeit) 118, 129, 138
Uneinbringbarkeit 72
Unmöglichkeit unverschuldete 57
Unternehmen eigenständiges 28
Unternehmensbegriff 114

Verbundklausel 91
Verfahren über Konfliktregelung 22
Verhalten loyales 34
Verhältnis
- unter Gründerunternehmen (s. auch unter JV unter Wettbewerbern, JV unter Nichtwettbewerbern) 128, 130 f., 134, 135, 136 ff., 144 ff.
- zwischen Organkompetenzen 26
Verkaufs-Joint Venture (s. auch unter gemeinsamer Vertrieb) 146 f.
Verkaufsoptionen der Partner 48
Verkehrssteuer 69
Verlustrechnung 176
Verlustverrechnung 166
Verrechnungssteuer 69 f.
Versteigerungsklausel 90
Versteigerungsverfahren 51
Vertragsanknüpfung 94
Vertragsanpassung 38
- richterliche 39, 41
- schiedsgerichtliche 42
- schiedsgutachtliche 42

Vertragserhaltung 41
Vertretungsbefugnis 96
Vertrieb gemeinsamer (s. auch unter Verkaufs-Joint Venture) 133, 138, 144
Verwaltungsgesellschaft 171
Verwaltungsproporz 29
Verwaltungsrat 25
Vetorechte 24
Vinkulierungsvorschrift 44
Vollfunktions-Joint Venture 121, 132 f., 135 ff., 144, 149 ff.
Vollstreckbarkeit eines Schiedsurteils 100
Vollstreckung ausländischer Entscheidungen 103
Vorzugsaktien 75, 78
Voting Trusts 24

Wahl der Rechtsform 165
Wert der Einlagen 63
Wettbewerb
- aktueller 124, 131
- potentieller 124, 127, 131 f., 155

Wettbewerbsrecht 92
Wettbewerbsstellung Dritter 133, 135
Wettbewerbsverbot 143, 152 f.
Widerspruchsverfahren 138
Willensbildung 21
- statutarische 22
- vertragliche 22
Wirtschaftsförderung 171
Wirtschaftsstufen vorgelagerte 18

Zinsen 173
Zusammensetzung des Verwaltungsrates 23
Zuständigkeiten gesellschaftsrechtliche 86
Zuständigkeit
- der schweizerischen Gerichte 88
- internationale 82, 104
Zweck der Joint Venture-Aktiengesellschaft 29
Zwischenstaatlichkeitsklausel 130